QIYE CHENGZHANGLI SHUJIA
企业成长力书架

赢在O2O营销

刘海军◎著

中国财政经济出版社

图书在版编目（CIP）数据

赢在O2O营销／刘海军著．—北京：中国财政经济出版社，2016.2

（企业成长力书架）

ISBN 978－7－5095－6521－6

Ⅰ．①赢… Ⅱ．①刘… Ⅲ．①电子商务－网络营销 Ⅳ．①F713.36

中国版本图书馆CIP数据核字（2015）第305501号

责任编辑：张若丹　　责任校对：甄　飞
责任印制：刘春年　　版式设计：丁丁图文

中国财政经济出版社出版

URL：http://www.cfeph.cn

E－mail：cfeph@cfeph.cn

社址：北京市海淀区阜成路甲28号　邮政编码：100142

营销中心电话：010－88190406　北京财经书店电话：010－64033436

北京中兴印刷有限公司印刷　各地新华书店经销

787×1092毫米　16开　13.5印张　168 000字

2016年2月第1版　2016年2月北京第1次印刷

定价：42.00元

ISBN 978－7－5095－6521－6／F·5253

（图书出现印装问题，本社负责调换）

本社质量投诉电话：010－88190744

反盗版举报热线：88190492　88190446

前言
PREFACE

很多人对于O2O的名称和概念并不熟悉，但其实在我们的生活中，O2O商业模式已经无处不在。当智能手机和移动互联网越来越普及的时候，O2O商业模式就悄无声息地进入我们的日常生活中，而且慢慢地改变着我们的生活方式。

从理论上来说，O2O营销模式就是所谓的离线商务模式，通过线上营销来带动线下经营，并且使用多种手段将线下的信息和资讯推送给线上的互联网用户。在我们的生活中，O2O营销模式已经非常普遍了，比如：今天我要看电影，那么我在线上订一张电影票，在线支付之后，下班到了电影院再拿票看电影。或者今天我约了朋友吃饭，在线上订好了餐厅和座位，在线支付之后，等到下班就可以踏踏实实与朋友小聚，而不用等座或者四处找餐厅了。

我相信以上这些情况您都遇到过，甚至比我举的例子要丰富得多。O2O营销模式对于消费者来说，不仅具有丰富的线上资源和信息，而且还能获得比线下便宜的价格，因此消费者接受起来会比较容易。

但是对于国内的传统企业和传统电商来说，O2O营销模式的优势和劣势都是非常明显的，传统企业和传统电商都需要在O2O营销模式的优势和劣势之间进行反复的衡量。

实际上，这种关于利弊的衡量对于每一种商业模式的产生和发展都是必需的，但是传统企业和传统电商应该明白，大市场给予他们转型的时间不多了。因此传统企业和传统电商，与其把时间都浪费在衡量利弊上，不如花费更多的时间来深入了解O2O营销模式，因为对于传统企业和传统电商来说，现在能够让企业生存下去，并且有所发展的商业模式，应当首选O2O。

本书在第一章首先顺应互联时代的大趋势提出：要么O2O，要么被淘汰，深入分析了O2O营销对移动互联时代的重要性及O2O营销的方式、要素等。接下来在第二章全方位展示各个行业O2O营销成功的案例，向读者传递出一种趋势和价值。第三章至第六章，从布局、产品、内容、口碑四个角度，重点阐述“如何才能做好O2O营销”，不仅有精简的理论分析，更有实战落地的技巧指导，同时结合实际案例为读者展现了一个全视角的O2O营销。

进入2015年，O2O营销模式越来越被广大消费者所接受和认同，而在O2O营销模式中获得成功的商家和企业也越来越成熟，因为这是大市场的必然趋势。我将自己对于O2O营销模式的研究成果和经验都写进书里，欢迎有志于采用O2O营销模式的人们和我一起探讨。

目录
CONTENTS

引子

在2015年的政府工作报告中，李克强总理首次提及“把以互联网为载体、线上线下互动的新兴消费搞得红红火火”。李克强总理的这一次发言，标志着O2O行业新的转折点和机遇。随着大数据时代的到来，O2O线上线下的互动消费已经成为中国经济新的增长点，更是创业者必须要关注的行业。

如今的互联网对于中国人来说，已经成为必不可少的生活必需品，因此线上线下互动的消费也成为时尚而热门的消费方式。在线上线下互动的消费发展过程中，经历了从无到有，从粗到精的每一个阶段，同时也吸取各个阶段的经验教训，行业逐步走向正规和成熟，而李克强总理的讲话必将会成为这个行业厚积薄发的激发点。

很长的一段时间里，线上和线下的资源、信息的不平等性，造成了线上线下的消费无法正常地进行和扩展，甚至连最基础的消费值都无法保证，就更加谈不上红红火火了。

互联网的消费有很多模式都与传统消费有着天壤之别，而这些的不同之处，在最开始的阶段正是阻挡互联网消费发展的主要障碍。随着互联网进入千家万户，消费者对于线上线下的消费方式的接受程度也越来越高，但是线上交易的不方便、不平等，以及求量不求质，都造成了消费者对于线上交易的排斥和抵触。同时，线下的配套服务不到位，也造成了消费者的大量流失。

实际上，李克强总理提出要将线上线下互动的消费搞得红红火火，正是对于互联网消费模式的大力支持，更是整个行业的发展契机。从线上来说，要想达到李克强总理的要求，就必须对线上的各个方面都进行补充和充实，使得线上的资源和信息以及交易都变得透明、简单、真实、有效，如此一来，才能够取得更广泛消费者的喜爱和信任。而从线下来说，无论是物流还是服务，都必须要精益求精，才能够将线上和线下紧密地联系在一起，构成一个让消费者放心消费的电子商务系统。

对于线上、线下的商家来说，用细致化的商品和服务，才能够吸引更多的消费者。从市场现状来看，线上线下的互动消费不仅能够拉动内需，而且也能够促进市场多层次多角度的发展。归根结底，李克强总理之所以会提出“把线上线下互动的消费搞红火”，正是因为看到了电子商务不可限量的明日之路。

李克强总理在政府工作报告中，强调了线上线下互动消费的重要性，一方面契合了当今社会电子商务快速发展的需求，另一方面也给了商家大力发展的“尚方宝剑”。具体来说，互联网不仅是电子商务的载体，更是线上和线下各类商家的重要发展平台。21 世纪的中国，如果商家无法在电子商务中占有一席之地，那么就会注定被市场和消费者所抛弃。

如今李克强总理的讲话不仅给电子商务注入了巨大的政府能量，而且也让原本无序竞争的电子商务市场有了可以依据的政策基础。

传统的电子商务由于受到传统互联网模式的限制，以及消费者消费习惯和心理的限制，无法正常地发挥其应有的作用和价值。随着电子商务O2O 模式的形成和成熟以及市场的规范化，电子商务已经进入各行各业，同时也进入消费者的日常生活当中。在今天，你很难想象如果没有电子商务，我们的一天将会变成什么样子。

因此当线上和线下开始进行互动，并且相互匹配的时候，中国的电子商务就已经注定了要成就大数据时代中的神话。现在电子商务几乎无所不在，无论是餐饮、娱乐，还是医疗、家居，电子商务囊括了所有的传统行业以及新兴行业，同时对消费者的传统消费观念和习惯也带来了无法估量的冲击。

现在的电子商务正处于传统和现代的交接点，很多旧的模式和观念依然制约着今天电子商务的发展，而面对重新洗牌的大市场，电子商务的未来则变得扑朔迷离。

纵观电子商务的大市场，对于商家而言，变革不仅是发展的机遇，更是赢得胜利的开端，因此无论是传统的商家还是新兴的商家，都必须要牢牢把握住这一次变革所带来的机遇，使得自身能够在重新洗牌的大市场中占有一席之地，同时拥有继续生存和发展的权利。

而对于消费者而言，大市场的变革也为消费者提供了更多不一样的购物享受，以及更新消费习惯和观念的机会。直白地说，消费观念的转变不仅影响到消费者的生活质量，更加决定了消费者是否能够与大数据时代同步而行。

由此可见，李克强总理的政府报告不仅及时，而且深刻。电子商务已经成为大市场中不可或缺的重要组成部分，而且在某种程度上，影响着大市场的发展趋势以及未来的发展成果。

实际上，电子商务崛起所带来的冲击，受到影响最深的就是传统商家。因此对于传统商家来说，一切的经营模式和获利机制都已经形成，并且相对固定。然而，如果传统商家无法正确地运用电子商务的优势，那么就会很快被市场淘汰，成为大市场重新洗牌中的牺牲品。因此，传统商家不仅要及时地转变经营理念，而且要准确地抓住大市场的脉搏，利用电子商务的优势打造属于企业发展的第二个春天。

同时，电子商务对于整个社会的发展也是极其重要的，不仅能够让传统商家焕发青春，让新兴行业茁壮成长，而且也能够最大限度地拉动社会的内需和消费，使得大市场展现出从未有过的勃勃生机。

无论从哪一个角度来说，李克强总理所说的“把线上线下互动的消费搞红火”，都将要成为今后商家最重要的经营理念之一，而且也必将成为全社会所遵循的重要规则之一。与此同时，电子商务必然会成为大市场中的主导。

第一章　要么 O2O，要么被淘汰

不知道从哪一天开始，电子商务已经成为我们生活中必不可少的一部分，因此无论是线上的商家，还是线下的商家，就只剩下了一个选择：开拓并深度利用 O2O 电子商务模式的优势，使得自身能够更好地参与到大市场的竞争当中。

1 移动互联时代，O2O 是大趋势

步入 2015 年，电子商务已经不再是一个新鲜名词，它已然成为时代的一种大趋势。电子商务在其发展的十几年间，从 B2B 到 C2C，再到 C2B，模式的不断转变，让不少企业受益其中。而随着移动互联网、大数据技术等的不断发展，一种“懒人经济”以病毒式的发展速度在我们生活周围迅速蔓延。这种“懒人经济”就是 O2O 电商模式，是电子商务在移动互联时代下新兴的发展模式。

所谓的 O2O 也就是 Online To Offline，即从线上到线下，它是利用互联网线上平台，同线下的商务机会有机结合的电子商务的新型营销模式。商家利用互联网平台进行线上揽客，消费者可以在线上浏览，线上支付，然后到线下享受服务。这种模式既为商家提供了更多的客户流量，同时也极大地方便了消费者的消费，实现了真正的“懒人经济”。

O2O 的概念最早是由美国支付与推广平台 Trialpay 公司的亚历克斯·兰佩尔首次提出的，该公司于 2011 年 11 月进入中国。那个时候，团购在国内兴起，于是 O2O 便搭上了团购的“顺风车”，在我国国内扎根发展起来。

其实，O2O 的模式从严格意义上来说并不是近几年才出现的新事物。O2O 概念的早期实践者是大众点评网。而随着互联网团购模式的出现，信

息流和资金流的在线实现，商业流和服务流的线下实现，从而使得 O2O 模式爆发出强大的优势，也迎来了全面的发展时期。

O2O 电商模式是顺应移动互联大时代的产物，它是移动互联时代商业发展的大趋势，具有广阔的发展前景。

在我国 O2O 模式的发展历程中，2011 年是其第一轮生长的高发期，O2O 利用兴起来的团购得到发展，在这一年我国国内本地生活服务市场的规模达到 3.6 亿元。而 2014 年是 O2O 行业集体爆发的一年，这一年的本地生活服务市场规模增长到 5.9 亿元。据相关报道称，在 2015 年我国 O2O 整体市场的规模将突破 4000 亿元。

O2O 电商模式需要线上和线下有机结合，移动互联网为这种模式的实现提供了可能。

传统的电商商务模式会受到设备、地域方面的限制，并不能全面实现线上与线下的有效结合。随着互联网软硬件技术的快速升级，智能手机的普及，网络宽带的加速，WiFi 技术的出现，微信、QQ、微博等社交工具的广泛应用，大量移动 App 软件的出现，人类进入了移动互联网时代。2015 年 4 月工信部统计报告显示，我国移动电话的用户近 13 亿人，其中移动网络的用户将达 9 亿人。作为全球最多手机用户和最多移动网络用户的国家，随着智能手机和移动网络的普及，我国的互联网经济进入 SoLoMo 即“社交（Social）+ 本地化（Local）+ 移动（Mobile）”的趋势中。这些都将为 O2O 电商模式的出现提供了技术和用户流量方面的支撑。

我国进入移动互联时代，消费者的互联网消费意识逐渐增强。在这个时代，“80 后”、“90 后”是伴随着互联网成长的一代，对互联网的熟悉度要比老一代的人强，并且追求便捷、时尚、新颖、个性化消费的“80 后”、“90 后”们更加倾向于互联网消费，是消费的主力。他们更希望能随时随地满足自己的购物欲望。而充分以移动技术为支撑的 O2O 模式将更容易满足年轻消费者的这一需求。

O2O 电商模式被人们认可和接受的同时，也得了政府的大力支持。国务院总理李克强说“要把以互联网为载体、线上线下互动的新兴消费搞得红红火火”，至此使“互联网 +”的行动计划写入政府报告中。而这直接的受益者便是当前互联网行业最好最有前景的发展模式——O2O。

顺应时代，有技术、有用户流量，又有政府的支持，O2O 电商模式必然会迎来自己的广泛发展，将爆发不可小觑的发展空间。

O2O 电商一如当年电子商务的 B2B、B2C 模式，如果商家运用得好，必然会为其带来巨大的收益。正如当年敢于第一个“吃螃蟹”的阿里巴巴，大胆地涉足 B2B、B2C 模式，最后一骑绝尘成为电子商务的大咖。企业的发展靠的就是商机，一个成功的企业就要能看到别人看不到的机会，并且主动出击。所以，当 O2O 这种新型模式出现的时候，没有哪个互联网企业愿意视而不见。

于是，互联网三巨头（BAT）在 O2O 市场上进行紧锣密鼓的资本角逐。腾讯开启了 4 亿美元的战略入股大众点评网，并且积极地同京东“联姻”，形成“腾讯 + 大众点评 + 京东”的 O2O 战略布局。而电子商务界的大佬阿里巴巴更是以 11 亿美元收购高德、快的打车，掌握移动资源。搜索巨头百度则收购 91 无线、糯米网等，形成百度地图、百度钱包、百度糯米的独特的 O2O 链条。

BAT 紧锣密鼓地展开新一轮的收购抢夺战，其最终目的就是培养自己的 O2O 生态链。这些互联网巨头公司在 O2O 上的角逐也使得 O2O 成为互联网企业征战的主战场。

当然，O2O 模式不单单是互联网巨头公司角逐的游戏，它对传统零售行业而言，也是这些企业在移动互联时代成功转型的一个工具。

在互联网企业的冲击之下，我国传统零售业态的增长速度放慢。在互联网深入发展的今天，如果传统零售行业不能有效地找到与互联网相融合的方式，将不堪互联网企业的冲击。而这个时候，移动互联网技术使得线上和线下有机结合，可以充分发挥这些实体企业线下的优势，实现线上线下一体化。

随着O2O电商模式的逐渐普及，相信有一天这种情况会成为普遍现象：早晨上班，出门便用快的软件打车，中午吃饭用“吃喝玩乐”、大众点评、美团外卖，下班娱乐也会通过手机直接在线上选择商家……

这样的生活将在O2O电商模式之下变得更加方便、快捷。这并不是一种夸大，实际上“80后”、“90后”们已经在享受这种智能化、便捷化的生活。而随着他们日渐成为消费群体的中坚力量和O2O模式在各行各业的广泛应用，这种新兴的电商模式将得到更广的普及。

O2O模式对于依照传统模式进行生产经营的商家来说是一种大威胁。移动互联时代，商家之间的竞争将会越来越激烈，如果企业固守传统模式，不肯弃旧纳新，亦会如当年拒绝电子商务的企业一样，很快失去竞争力。

2 O2O营销：线上线下一体化互动

O2O是移动互联时代企业营销模式的新潮流。各行各业在看到O2O模式的发展潜力和无限商机之后，纷纷向O2O靠拢。于是，我们发现，餐饮O2O、外卖O2O、零售O2O、酒店O2O、旅游O2O、教育O2O等在我们生活周围遍地开花。

目前，我国比较典型的O2O电商模式就是本地生活类服务，也就是我们日常生活所需的吃喝玩乐系列。这一类的消费并不像网上购买衣服一样，当消费者挑选、支付完成之后，便完成了整个环节的消费。这类活动必须要到现场消费才行。而这一特点也决定了O2O模式的出现。

O2O这种营销模式最主要的特点便是通过线上营销，以带动消费者线下消费。在这种模式之下充分地实现线上线下的一体化互动，满足消费者随时随地购物的欲望。

在传统的营销活动中，企业为了吸引到更多的消费者会采取各种打折优惠活动，最为常见的便是为消费者发放优惠券。比如，餐厅会给消费满200元的顾客发放50元的优惠券，让顾客下次消费享受。但是，很多时候，顾客会把优惠券随手一放，等到使用时却再也找不到，这就在很大程度上影响到顾客的消费体验。同时，顾客还会遇到这种情况，到一家中意的餐厅用餐，到了却发现要等很久才有座位，这同样会降低他们的消费体验。

充分实现线上线下一体化互动的O2O的营销模式将很好地解决这个问题。O2O模式利用互联网技术、大数据技术，能够充分地整合线上线下资源，实现线上线下资源共享，以为消费者提供最为准确的商品信息和优惠信息。

一般的，商家会在线上提供产品或服务的基本信息和优惠信息，通过在线预订的方式，把线下实体店的信息通过互联网平台推送给用户，从而将更多的用户转化为自己线下的客户。这种方式充分利用了互联网平台的开放性和信息传播的广泛性，能够在最大程度上吸引到更多的客户，比起以往的营销模式中通过单纯的活动、打广告宣传的效果要好得多。而成本的减少将使得商家在线上为消费者提供更多的优惠，这样便可吸引到更多的消费者。

对于商家发布的产品和服务信息，消费者通过智能手机、iPad就可以随时随地在线了解，及时地知道有哪些商品在热卖，哪些商品有优惠，再决定自己是否消费。这就避免了因为消费者和商家之间因为信息的不对等而出现的消费体验降低的情况。

在产品的优惠方面，O2O 模式也很好地避免了传统模式中的弊端。有的商家会在线推出电子优惠券。消费者把收到的电子优惠券保存在支付宝钱包中，消费时只需要拿着手机到收银台扫描一下就可以享受到优惠，非常方便快捷。

在支付方面，由于移动支付的普及，其安全性得到保证，用户通过支付宝等第三方在线支付方式实现在线付款，不用排队等待，这又大大提升了消费者的购物体验。

O2O 模式实现线上线下的互动还表现在商家和消费者的互动上。在传统的模式中，商家和消费者的互动比较少。而通过 O2O 模式，消费者可以在线同商家进行沟通，对商家的产品和服务作出评价。这不仅对其他的用户是一个参考，同时商家也可以得到消费者对产品或服务的反馈信息，有助于对产品和服务及时作出调整。而有的商家会在线通过消费积分、玩游戏等方式同消费者进行互动，这将有利于培养产品和品牌的“粉丝”。

所以说，O2O 线上线下一体化互动是既利于商家又利于消费者的双赢模式。

我们具体看一下星巴克的案例，看一下它是如何玩转 O2O 营销模式的。

作为全球最大的咖啡连锁店，星巴克占据着不可撼动的市场份额。然而，从 2007 年开始，星巴克的销售业绩便开始出现下滑。为了挽救这样的局势，星巴克看中了互联网这个平台。

为了走出困境，星巴克开展了“官方网站 + 网络社区 + 社交媒体”的线上运营思路。

为此，星巴克在 YouTube、Facebook、Twitter、Foursquare、

Google 等社交网站上推广品牌，同顾客进行线上互动。在这些社交网站上发布星巴克的产品信息，让顾客及时地了解新产品。不仅如此，星巴克还会在网站上推广顾客感兴趣的内容。通过这种方式，星巴克在公众社交媒体上累积了不少“粉丝”，品牌的影响力也得到扩大。

星巴克还建立了 My Starbucks Idea 网上社区。顾客可以在社区内给星巴克留言，评价星巴克的产品，并就星巴克出现的某一问题提供自己的思路和修改意见。通过这些意见，星巴克提升了产品和服务的品质，赢得了顾客的信任。

同时，为了让前来店内消费的顾客多一点时间停留，星巴克在店内提供无线上网服务。后来为了吸引到更多的顾客，星巴克还同雅虎和苹果合作，顾客在连接星巴克的无线网络之后就可以享受到雅虎和苹果免费提供的电子书、音乐、新闻、电影等，极大地提升了顾客的消费体验。

随后，星巴克还为一些“懒癌”患者提供服务，在其官方 App 上新增了 Uber 叫车服务。“懒癌”患者只要轻轻一按，就可以雇车把自己送到指定的星巴克内享受咖啡。

星巴克充分利用互联网平台，实现线上线下的结合，不仅扩大了产品的推广渠道，还掌握了顾客的信息，提供给顾客更多个性化的服务，扩大了顾客的消费体验。

无论对传统企业还是对互联网 IQ 来说，O2O 线上线下一体化互动能够弥补传统营销方式的很多不足，是新时代下企业需要极力打造的模式。

3 O2O与二维码

O2O模式直接关系到两个方面：一个方面就是线上的虚拟商务，另一个方面就是线下的现实商务。那么二维码就是联结虚拟与现实的纽带，也是这两种商务的快速入口和快速出口。正是因为有了二维码技术，O2O模式才能够将线上和线下联系得如此紧密。

什么是二维码呢？从传统的平面上来看，二维码就是横向和纵向之间的不同色差，主要是黑色和白色，与传统平面的唯一不同就是，在横向和纵向上只在代码0和1之间用不同的色差区别，因为代码0和1之间的模式是最清晰的，也是最方便识别的。

从实际操作上来说，不能够将二维码等同于O2O模式的入口，这是对于二维码的误读。那么O2O模式与二维码之间究竟是什么关系呢？简单来说，二维码是O2O模式中必不可少的凭证。

二维码被读业务开始于2005年，翼码公司的创始人万青女士在北京通过电话订购了一张话剧票，在等待送票的过程中，万青女士忽然意识到，今后像这样“非见面交易却要现场享受服务”的业务必然会越来越多，那么从非见面到现场享受的过程中，缺失的关键一环就是凭证。

于是，万青女士和翼码公司开始进入二维码研究领域，进而推出了“不见面交易，见面受理”这样的商务模式。由于二维码被读业务的不断开发，直接影响了现代人的生活，包括两大运营商——中国移动和中国联通的业务开展方向和范围，进而有了更多的线上与线下消费的互动，成就了今天O2O模式的繁荣发展。

现在我们已经知道这种“非见面交易却要现场享受服务”的业务就是O2O模式其中的一种，也就是俗称的“懒人经济”。

现在，二维码在O2O模式中的运用越来越广泛，不仅可以作为商务交易的凭证，而且成为了O2O模式中最重要的商务触点。

在O2O模式中，有不同的线上线下的商家为消费者提供服务和商品，消费者只需要扫描二维码就可以与各个商家完成“不见面交易，见面受理”的全过程。如此一来，无论消费者身处何地，都可以及时地购买到自己需要的商品，以及享受到需要的服务。

对于商家来说，二维码在O2O模式中的运用，不仅解决了客源的问题，而且也让商家在一定程度上节省了宣传的费用。简单地说，商家可以在线下做实体店的基础上，集中自身的经营优势，使得线上的网店也能够红火起来，而这其中最关键的一个环节就是二维码的应用。

不同于其他的传统经营方式，O2O模式不仅要满足消费者的消费需求，而且更要在商家和消费者之间构架新的商业模式，而新型商业模式正是通过二维码来实现的。

由于O2O模式的特殊性，商家与消费者往往是不见面的，那么无论在达成交易之前，还是在达成交易之后，商家与消费者之间就缺少了必须要有的信任和凭证，这就是线上线下互动消费最大的障碍所在。而二维码的使用很好地排除了这个障碍，一方面使得消费者可以体验到足不出户就可以满意消费的新型商业模式，另一方面也使得商家能够拥有更多的客源，以及更加优质的销售渠道。

在实际的操作中，二维码使得应用O2O模式的商家，在经营方面更加具有针对性、相关性，以及更加个性化。准确地说，现代社会的消费越来越向着个性化方面发展，消费者最看中的就是独一无二的商品价值。而O2O模式正好契合了消费者的要求，最大限度地满足了消费者在独特性上的追求和要求。

商家如果要满足消费者的多重需求，就必须要提高线上和线下的互动，同时模糊线上和线下的距离。比如：消费者不仅可以在线上订票、付费，而且可以在演出现场凭借二维码直接入场或者拿到实体票，而不需要在线上订票之后，再到别的地方去实地取票。总而言之，越接近消费者消费习惯的O2O模式流程，才能够越被消费者接受并使用。

准确地说，O2O模式与二维码之间是彼此成就的关系，O2O模式通过二维码实现了线上线下的无距离沟通，而二维码也通过O2O模式有了更加广泛的用途。

消费者从一个平面的世界进入二维码的世界，无论在习惯、观念上，还是在使用上都会出现一定的障碍，而商家的最重要任务，就是用自身的优势经营打破消费者固有的消费习惯，提高消费者对于商家二维码的接受程度，而其中最关键的环节就是让消费者认同二维码的使用方式，同时商家必须尽量简化二维码使用过程中不必要的程序。

O2O模式中的二维码应用，主要建立在手机二维码的基础上，其中有最主要的两个应用方式：第一种是手机二维码的标签应用；第二种是手机二维码的凭证应用。

第一种手机二维码的标签应用，主要形式为消费者用手机中扫描二维码的功能去识别手机之外的二维码，这种模式适用于线上线下的互动交易。比如：关注线上的商家或者与商家在线上交易等。

第二种手机二维码的凭证应用，主要形式是将二维码发送到手机里，用其他的设备读取手机里的二维码，作为商家识别交易的凭证，也作为消费者交易达成的凭证。这种形式普遍称为二维码被读业务。

在实际的应用中，由于二维码技术的日臻完善，以及 O2O 模式的进一步成熟，二维码的主读和被读的界限已经被完全打破。因此，越来越多的消费者接受并愿意使用二维码与商家进行线上线下的交易、互动。

简单地说，二维码的标签应用是线下向线上传递有效信息，也就是 O2O 的入口；而二维码的凭证应用则是线上向线下证实有效信息，也就是 O2O 的出口。

基于以上的信息综合，二维码在 O2O 模式中的运用将会越来越广泛，而且也会给消费者带来越来越多的便利。在信息高速发展的今天，二维码需要进一步加强安全性能，确保商家的二维码不仅被消费者信任，而且成就商家更加完整的企业形象。

4 O2O 与电子商务

O2O 模式与电子商务究竟是不是一回事呢？大多数人都认为，O2O 是电子商务的一种模式，也有少数人认为，电子商务是线上，而 O2O 模式是线上线下，因此 O2O 包含电子商务。

在实际的操作中，O2O 与电子商务还是有所区别的。

首先，O2O 和电子商务的评估方式不同。电子商务以销售额或者交易规模进行效果评估，而 O2O 则以单纯的交易规模进行效果评估。因为评估方式不同，所以最终的评估结果也是不尽相同的。

同时正是因为评估结果存在差异，也导致了 O2O 和电子商务的具体操作也有很大的差别。对于 O2O 来说，必须以非标准化的服务为主，而且要以建立良好的客户关系网为核心，才能够使得O2O更加顺利地进行操作和运营。而对于传统电子商务来说，则可以用标准化的实体或虚拟的商品为主，甚至可以进行适度的"喊叫式"销售。

其次，O2O和电子商务在空间尺度上也有区别。传统的电子商务由于地域属性上不是很明确，因此对于线下的匹配也不是非常准确，这样的特质决定了电子商务受到空间尺度的影响会比较少。而对于O2O来说，则具有极强的地域属性，而且在销售方面，O2O更加重视对于本地消费者的维护，因此O2O受到空间尺度的影响会比较多。

再次，O2O和电子商务的销售渠道不同。传统电子商务的销售渠道大多数是线上的，因此线上渠道商与线下渠道商的竞争，在传统电子商务中一刻都没有停止过。而O2O的主要销售渠道是商家与消费者直接建立关系，并且直接形成交易协议，如此一来，中间的销售环节就会减少，那么销售渠道则会更加畅通无阻。

最后，O2O和电子商务对于线下的意义是不同的。在传统电子商务的经营中，线下储备是必不可少的，而消费者对于线上和线下的体验是间断性的，因此传统电子商务并没有完全脱离被动的销售模式。而O2O则是融合了线上线下的全部优势，其经营核心不是商品，而是服务，尤其是人与人之间的直接联系，因此O2O在线上和线下的体验是完整无缺的。

鉴于以上四点，我们认为，O2O和电子商务之间不能画等号，而是各自有各自的优势、劣势。无论是O2O还是传统电子商务，要想在现在的大市场中赢得发展的机遇，就必须要主动调整自身的不合理机制。

准确地说，只有将O2O和电子商务合二为一，才能够真正赢得在互联网市场中的生存和发展。当微信、微商已经大规模地进入市场之后，抱着传统电子商务不放，只能够让商家举步维艰，无法继续经营下去。因此，只有放弃电商的"交易规模"的核心观念，才能够进一步打造更加出色的现代电子商务模式。

我们知道了O2O和传统电子商务之间的区别之后，就可以从区别入手，全面提高O2O的各项性能和特质。直白地说，传统电子商务是以交易量和销售额取得市场份额，而O2O则是以建立完整的客户关系网，以及完善的服务体系取得市场的生存和发展权利。

由此可见，O2O不是能够在短期内提高销售业绩的模式，不仅需要打通线上线下的销售系统，而且也要利用线上的优势，提高企业各个方面的效率。

进入21世纪之后，电子商务领域中的竞争越来越激烈，由于电子商务的市场特点，直接导致了电子商务中的诸多乱象，比如：强者越来越强，占据了全部的优势市场；弱者越来越弱，成为市场中任人宰割的对象。这些诸多的乱象决定了电子商务不仅没有可以发展的未来，而且会逐渐被市场规则所淘汰。

那么留给商家的选择就只剩下O2O，因此要想继续在市场中拥有生存和发展的空间，商家就必须要及时转变观念和经营方式，顺利进入到O2O模式中。

由于O2O模式对于企业规模要求比较简单，因此很多“小而美”的企业在O2O中都占有一席之地。不仅如此，随着互联网的不断扩大和普及，使得O2O模式被越来越多的消费者所接受，同时也提供给商家更多的发展机遇。在传统电子商务逐渐萎缩的情况下，只有O2O创业才具有最现实的价值和意义。

现代人对于互联网的依赖程度与日俱增，因此伴随着互联网发展起来的O2O模式，则会随着互联网的爆发而更加具有活力和前景。相对于传统电子商务而言，O2O模式是正在上升的朝阳产业，而传统电子商务已经到了非改革不可的地步了，所以只有做O2O才能够抓住发展的机遇，成就企业更远大的前程。

现在，互联网和传统电子商务已经发展到了一个节点上，传统电子商务如果不打破节点，将会遭到市场的淘汰，而互联网更需要打破节点的商业模式。从现在市场发展的趋势来看，唯一能够打破这个节点的就是O2O模式。

从大市场的综合情况中，我们已经看到O2O的创业机会越来越多，同时越来越多的企业家都看好O2O领域，认为中国未来的富翁一定会产生在O2O领域中。

在当今渠道为王的商业模式中，O2O模式的渠道优势显露无遗，O2O不仅拥有传统电子商务的渠道，而且还拥有现代最为先进、顺畅的渠道，可谓是占尽所有的优势渠道。

实际上，O2O之所以有代替传统电子商务的趋势和优势，正是因为O2O的经营理念和模式都是最为与时俱进的，最能够为现代消费者所接受。在O2O的渠道中，最为与众不同的地方就是“品牌商+直营”，简单地说，就是消费者可以从厂家直接购买商品，而不需要任何的中间环节。

同时O2O和传统电子商务相比较，更加有利于优势项目的互补、合并，使得大市场中不再只有激烈的竞争关系，而更多了一些相互合作、共同发展的商业关系。因此，O2O与电子商务之间不是从属关系，而是互补、融合的关系。

5 O2O的三大方式

团购

直白地说，团购就是团体购物。无论在这个购物的团体中，消费者是否互相认识，都能够加大自身的力度，与商家形成“势均力敌”的态势，使得商家做出更大程度的让利。团购是 O2O 模式中非常重要的方式之一。

团购对于消费者最为实惠的方面，就在于消费者不仅能够享受到更多物美价廉的商品，而且还能够享受到更多更周到细致的服务。

在越来越忙碌的现代社会中，很多的消费者没有时间逛商场，同时也没有足够的金钱去享受高端品牌和美食。如此一来，不仅消费者被挡在了品牌消费之外，而且品牌商品也损失了重要的客户群。而团购从消费者和品牌商家两个方面，解决了时间和金钱的问题。

团购会有属于自身的操作流程，从消费者角度来看，团购的操作流程在保证团购有效性的同时，也能够保证商家的合法利润。

简单地说，消费者需要团购，正是因为团购能够提供给消费者意想不到的低价格、高质量产品和服务；而对于商家来说，团购不仅能够更大范围地推广商家的品牌，而且也能够为商家补充大量的客流量和销售额。

糯米网是国内比较知名的团购网站，现代都市白领很多都在糯米网进行过团购。糯米网不仅拥有大量资源配置优异的商家，而且由于定位准确，实现了线上线下的无缝对接，使得消费者在获得真正实惠的同时，也能够获得超低价格的商品和服务。

糯米网从 2010 年 6 月推出团购电影票之后，陆续推出了话剧票、高端餐饮套餐、门票、化妆品等产品，不仅跨越了商品领域，而且也打破了地域属性的限制，为更多的商家和消费者搭建起合理、安全的团购平台。

在 O2O 模式中，糯米网的成长和成熟都是有目共睹的。糯米网 2012 年四季度的净营业额为 540 万美元，与 2011 年同期的

270万美元相比，增长率为100%。净营业额如此快的增长速度，在任何行业中都是非常稀少的，这就是O2O模式的优势所在。

由糯米网的案例我们可以清晰地看到O2O模式的未来发展趋势。对于团购来说，O2O模式提供了最为可靠的商家和商品，同时也为商家提供了最广泛的消费人群。团购在遇到O2O模式之前，经历了千团大战、恶性竞争、资本短缺、裁员倒闭等的艰难困境，而在遇到O2O模式之后，团购则获得了精耕细作，同时随着移动春天的来临，团购突破困境上升到了更高的经营和销售层面。

在O2O模式中，团购网站是最为常见的一种方式。团购网站为商家和消费者提供交易的平台，以及保证交易的安全性，使得商家和消费者能够通过网站达成团购的交易。团购网站的优势就在于能够大量地吸引消费者和商家，同时为消费者和商家提供更加可靠的商机。

准确地说，团购所建立的平台，正是因为有O2O模式的保证，才能够做到真正地让利于消费者，同时推广商家的品牌和商品。实际上，团购不是一种商业模式，而只是一种促销手段，通过团购消费者可以获得更加实惠的商品和服务，而商家则可以赢得更多的市场机遇，以及已经成型的销售平台。

与机遇并存的永远都是风险，作为新兴的消费方式，团购不仅没有相关法律法规的制约和规范，而且还因此而导致了在团购的过程中，消费者随时都处于风险和陷阱当中。

为了规避风险，最大限度地运用团购的优势，商家必须要遵从三个原则：

第一个原则：诚信不打折。

商家所提供的团购优惠不能够以降低商品和服务质量为代价，如此一来，商家不仅无法获得应得的利润，而且还会失去消费者的信任，以及再一次购买的承诺。直白地说，团购需要用商家的诚信作为基础，才能够从O2O 模式中获得真正可靠的客户关系网。

第二个原则：一视同仁。

无论消费者是通过何种渠道消费商家的商品和服务，商家都必须对消费者一视同仁，提供同样优质的商品和服务。唯有如此，团购才能够从一定程度上增加商家的销售额，以及扩大消费人群，使得商家在团购中真正获得益处。

第三个原则：找准盈利模式。

商家在参加团购之前，必须要找准自身的盈利模式，通过盈利模式，商家才能够正确地对待团购以及参加团购的消费者。简单地说，只有在商家找准盈利模式的基础上，才能够提供给参加团购的消费者不打折扣的商品和服务。

在 O2O 模式的实际操作中，需要对团购方式进行不断的调整和完善，从团购一开始就必须要提供相应的服务和提示。不仅要从团购质量、支付方式、盈利方式等方面完善团购的过程，而且也要根据团购人群的特点来策划每一个优惠活动，以便让商家和消费者都能够通过团购达到销售和消费的目的。

随着团购领域的不断扩大，消费者对于团购的需求也趋于多样化。虽然对于商家来说是不错的发展机遇，但也是大浪淘沙的时候。越是在机遇面前，商家就越应该保持冷静的态度，不能够在团购的过程中毁掉商家的信誉，同时还要利用团购为商家构建更加成熟的销售渠道，以及成熟的客户关系网。

对于团购网站来说，要为团购的公平、安全交易提供足够的监督和服务，搭建起更加完善的团购平台，使得消费者和商家都能够在团购平台中达成原本的交易目的。

实际上，O2O 模式中的团购更加注重的不是团购的销售额，而是在团购的过程中，商家和网站所收获的消费人群。简单地说，因为促销而达成的团购协议，对于商家必须要具有一定程度的约束力，不能够让消费者陷入假团购的陷阱中。

消费者之所以非常认同团购的模式，正是因为在团购中，消费者和商家基本处于同等的地位，不仅可以与商家进行平等的讨价还价，而且还可以最大限度地享受优质的商品和服务。

优惠券

优惠券的起源非常早，并不是O2O模式的产物，却成为O2O模式的重要方式之一。优惠券的种类繁多，在O2O模式中，最为常见的是电子优惠券和手机优惠券两大类别，其中还包括了很多的小分类，比如体验券、礼品券、折扣券、特价券、换购券等。

随着大市场的发展，消费者得到的优惠券也越来越繁杂，如果优惠券的策略出现问题，那么很可能使得消费者对优惠券视而不见。因此，商家在制定优惠券政策以及推广优惠券的时候，都必须紧紧依靠O2O的优势，不仅让消费者最大程度上接受商家的优惠券，而且也能够让优惠券发挥应该有的作用和效果。

随着O2O模式的出现和发展，优惠券也有了非常大的进步。

首先，优惠券打破了固有的地域和行业的限制，不仅让消费者获得更多的优惠，而且也整合了市场中各类不同的优惠券。一张优惠券可以在多种行业和不同地域中使用，正是优惠券依托于O2O模式所发展出来的优势项目。

其次，优惠券打破了线上线下的限制。消费者在线上获得的优惠券可以在线下使用，也可以在线上使用，因此优惠券不再只是虚拟网络商家的优惠，也能够获得实体店和联盟商家的更多优惠。也就是说，O2O 模式中的优惠券，已经打通了线上线下的通道，使得消费者在使用优惠券的时候，不会遇到任何障碍。

再次，优惠券实现了“先体验后消费”的理想促销方式。任何促销方式都存在缺点，而互联网中的促销方式最大的缺点就是没有任何体验和实物，不仅无法让消费者产生信任感，而且很容易使得消费者放弃交易。而 O2O 模式中的优惠券，从根本上解决了这个难题。消费者可以在线上获得优惠券之后，不消费就可以在线下真实地体验商品或者服务，在体验之后，消费者再决定是否与商家进行交易。

最后，优惠券依托于稳定的商家联盟，以及闭合式的营销结构。消费者最担心的就是网络优惠券无法在现实中兑现或者享受到足够的利益和服务，而 O2O 模式中的商家联盟，以及闭合式的营销结构，正是解决消费者担忧的最佳答案。商家与消费者之间不仅是直接交易的关系，而且 O2O 模式中，商家的任何交易行为都受到一定程度的监督，最大限度地保证了消费者的合法权益。

因此，优惠券虽然以电子商务的形式出现，也能够在大市场中进行消费和流通。对于商家来说，O2O 模式中的联盟和营销都对企业经营有促进作用，同时也能够在商家和消费者之间建立稳定的关系网。

要想更好地运用优惠券来达到商家的促销目的，那么商家就必须要做好以下两个工作。

第一个工作：做好优惠券的策划工作，明确优惠券的目标。

商家在进行优惠券活动之前，必须要有完善的策划方案，即使是参加网站的优惠活动，也一定要进行严格的评估工作。

这样做的目的就是让商家在优惠券活动中，不仅要有明确的目标，而且更要有实现目标的有效操作方法。准确地说，无论任何一种促销，如果没有合理的计划以及明确的目标，那么再好的促销方式都可能面临着失败的命运。

对于网站的优惠券活动，商家也需要评估是否与商家的经营方向一致，不要盲目参与网站的优惠券活动。直白地说，不是每一次的优惠券活动都适合每一个商家，因此商家必须要量体裁衣，切记不可在没有明确目标之前，就参与优惠券活动。

第二个工作：优惠券让利的幅度和期限都必须准确。

既然是促销，就必须要有非常明确的促销幅度。准确地说，促销的幅度必须要满足两个条件：第一个条件是能够吸引更多的消费者。如果优惠券的让利幅度无法满足目标客户群，那么就很难达到促销的最终目的，同时也无法保证商家在促销中的既得利益。

第二个条件是不损害商家自身的资金链运作。优惠券让利的幅度和限期一定要把握好，因为如果优惠券让利幅度过大，那么就会直接影响到商家自身的资金链，导致商家无法正常地开展日常经营活动。

同时优惠券的让利必须是短期的，商家一方面要清楚消费者的预期在哪里，另一方面也要清楚自身的资金限制在哪里。优惠券的让利期限必须要同消费者的预期相同，否则消费者一旦认为商家不是在促销，而是在降价，那么商家如果恢复商品价格，就会在消费者心里留下“不守信用”的恶劣印象。

简单地说，消费者之所以会用优惠券，就是为了省钱，而商家则是为了推广产品和服务。那么优惠券对于商家和消费者的意义在本质上没有区别，都是为了获得更多对自身有利的利益。

从优惠券的作用中，我们可以得出一个结论：优惠券在O2O模式中的运用，不仅提高了优惠券本身的运用范围，而且也使得商家和消费者都能够达成各自的交易目的。同时对于商家来说，如果想要通过优惠券的让利、促销赢得更多的市场机遇，就必须要解决各种各样的难题，弥补优惠券自身的缺点和不足。

O2O 模式已经优化了优惠券，但是商家依然要根据自身的特质，而不断地优化优惠券，使得更多的消费者通过优惠券活动了解并且信任商家。

在实际的操作中，越是容易获得的优惠券，往往越不受到消费者的青睐，因此商家一定要让消费者认为，此次的优惠券活动是有针对性的，而且是一次非常宝贵的机会。同时优惠券就等于是商家对消费者作出的承诺，而商家一定要兑现承诺，否则后果会非常严重。

总而言之，优惠券的种种弊端已经被 O2O 模式打破，而商家现在要做的就是把握机会，不断扩大商家的影响力，增强自身的经营能力。

在线支付

在线支付已经成为网上交易的最后也是最关键的一个环节。在实际的操作中，消费者最关心的事情就是在线支付的安全性，而在 O2O 模式中，银行直接参与到资金结算中，网站可以直接监督资金的流向和运用，如此一来，在线支付就能够为企业和个人提供相对安全、方便、快捷的电子商务环境，以及网上结算业务。

通常情况下，在线支付会通过安全性能比较好的第三方平台，或者银行的转账页面、客户端进行在线交易和转账。在线支付不仅为消费者节省了时间、金钱的成本，而且具有操作简单、快捷方便的优点。

在 O2O 模式中，在线支付分为主要的两大类别：网上银行支付；第三方支付。网上银行支付的优点是直接通过银行进行结算、转账的活动，但缺点就是开通网上银行需要比较繁杂的手续。准确地说，网上银行支付的安全性能非常高，同时也能够准确、有效地对资金进行控制和监督。如果各大银行能够进一步地简化网上银行的开通手续，那么使用网上银行进行在线支付的消费者一定会越来越多。

现在，我们最为常用的第三方支付方式是支付宝、快钱、微信支付、易宝支付等，这些第三方支付不仅具备强大而成熟的平台配置，而且也能够满足普通消费者和商家的各种需求。第三方支付在可以绑定银行卡、信用卡、手机号码的同时，也能够轻松进行转账、结算、取现等交易。

在实际的操作中，在线支付的流程是比较固定的，同时不同的支付方式对使用者的要求也基本上一致。有所不同的是网上银行支付，需要使用者先到银行柜台开通网上银行业务。而各种第三方支付所需要的资料和流程都是基本一致的。但是，这其中有一个现象很值得我们重视：操作流程越少、越安全的支付方式，就越会受到更多的使用者青睐。

从这一现象中我们可以看出，安全性能对于在线支付是至关重要的，在越来越激烈的竞争中，在线支付的安全性完全可以决定支付方式的未来发展趋势。

在O2O模式中，主要用以下三个方式来加强在线支付的安全性。

第一个方式：预防。

通过加强自身的防火墙建设，减少支付方式的漏洞，使得犯罪分子没有可乘之机。准确地说，支付方式的预防措施是长期性的工作，没有一个高效率的专业团队，预防任务是无论如何都无法完成的。

支付方式的预防措施不仅要具有很强大的针对性，而且还能够不断地与时俱进。俗语说："魔高一尺，道高一丈。"对于预防措施来说更是如此。

第二个方式：保护。

要想更好地保护客户的资料，提高在线支付的安全度，那么支付方式就必须要实施严格的验证计划，同时对所有客户的资料进行加密处理。简单地说，保护客户资料和支付方式安全的最终办法，就是不断提升安全等级，保护客户的个人资料不受到任何威胁。

对于在线支付的保护，应该从两方面入手：一方面实施验证计划，以此来保护客户的资料安全；另一方面要与客户建立直接的联系，并且进行定期的账户安全检查。

第三个方式：监督。

由于在线支付关系到每一个客户的资金安全，因此对于支付方式的监督和管理，就显得格外重要。试想一下，如果一种支付方式没有监督和管理，那么作为客户，你会不会运用这种支付方式呢？

我相信大多数人都不会运用没有监督和管理的支付方式，所以必须要让客户清楚地了解，你的监督是什么，你的管理又是什么，如此一来，客户才能够放心地应用你的支付方式。

阿里巴巴集团公司创办的支付宝，不仅是国内领先的在线支付平台之一，而且也是发展最快、应用最广的支付平台之一。自从 2003 年 10 月支付宝面世以来，在短短的几年里，支付宝的会员就已经呈现出翻倍增长的态势，同时支付宝的服务也日臻完善，一跃成为国内安全性能和可操作性最佳的支付平台。

支付宝从刚开始针对淘宝网而推出，一直发展到今天可以进行各种支付，其间经历了很多的困境。直到今天，几乎每一个人都会有支付宝的账号，而且支付宝的利用率也非常高，不仅可以支付、转账，还可以充值、缴费，可以说，今天的支付宝几乎是“万能”的。

2004 年 12 月，支付宝成立了公司，而且还推出了更加专业的支付宝账户系统，这些举措都使得支付宝的会员们可以享受到更高等级的安全保护措施，同时可以更加放心地进行在线支付活动，而不必有任何的后顾之忧。

纵观现有的在线支付方式，几乎关联到我们生活的每一个细节，不仅在日常生活中，我们要应用在线支付，而且在特殊的消费中，我们也可以应用在线支付，比如旅游、订票等。

在线支付虽然处于快速发展的阶段，但是要面对的困境和难题也会越来越多，因此在线支付不仅要坚持本地化的发展，而且也要更多地借鉴国际同行的成功经验，以此来缩短本土在线支付和海外在线支付之间的差异。

实际上，在O2O模式当中，在线支付不仅是可以应用的程序，而且更是检验网站和商家经营能力的重要标准之一。

准确地说，如果一家网站和商家能够支持很多的在线支付方式，那么消费者在享受快捷、简单的购物过程的同时，也能够肯定网站和商家的能力和实力。尤其是在O2O模式中，在线支付不仅是实现商业目标的最关键环节，而且在未来的发展中，在线支付也是不容忽视的重大内容。

从在线支付本身来说，商家必须要拓展自身的在线支付业务范围，使得消费者能够拥有多种选择，而不要出现消费者愿意达成交易之后，无法在线支付从而放弃交易的情况。简单地说，只有在线支付能够包罗万象，商家才能够更加有效地进行线上经营。

6 O2O营销四大要素

用户感受

21世纪就是营销的时代，没有任何一个行业是不需要营销的。对于O2O模式来说，营销就显得格外重要，因为只有营销才能够让更多的人懂得O2O模式，同时也使得更多的商家愿意加入O2O模式中，成就更加广泛的商家联盟。

相对于传统的电子商务来说，O2O 模式更加细腻，而且更加注重人与人之间的关系网，以及商家与消费者之间的互动经营。准确地说，O2O 模式已经告别了“大喊大叫”的销售方式，开启了细致化的营销时代，而为本土消费者带来的第一个不一样就是对商品和服务超凡的用户体验。

在传统电子商务中，用户的感受往往是第一个受到忽视的因素，商家几乎不会考虑到用户的感受，而只顾着“不择手段”地推销自己的商品。而在 O2O 模式中，用户感受却成为营销中最受到重视的要素，这对于本土消费者来说，绝对是一个完全不一样的营销体验。

简单地说，用户之所以会购买商品，一定是因为需求而至，那么 O2O 中的商家如何让用户对商品的需求延续下去呢？其实答案非常简单，重视用户自己对于商品和服务的感受，并且从用户的感受中，获得商家所需要的信息，同时准确地判断出用户下一步的需求是什么。试想一下，如果商家总是可以准确地把握用户的需求，那么用户一定会愿意继续与商家达成交易。

用户感受在 O2O 营销中处于中心位置。商家不仅要深入了解用户对于品牌的准确感受，而且还要制订计划，使得用户能够参与品牌的创新和开发，同时也要让用户充分参与品牌的推广和传播。也就是说，商家要让用户感受到商家的诚意，以及他们对于用户的尊重。

小米手机是国产智能手机中的领先者，小米手机自通过互联网推出市场以来，不断地与用户之间进行充分的互动，其产品的任何一次创新和进步，都要在用户之间形成一次浪潮，让小米手机的每一个用户都相信，小米公司不仅充分尊重他们的感受，而且以他们的需求为第一要素。

同时小米手机的设计人性化、友好、个性、简约，对于目标用户群具有非常强大的吸引力，使得用户认为，小米手机不仅能够体现他们与众不同的个性，而且他们还能够参与到手机的开放和推广中。

简单地说，小米手机对于用户不仅仅只是手机而已，而是一个能够交流互动的平台——一个手机能够让用户与商家建立良好的互动关系，并且能够认识很多志同道合的朋友。而小米手机在国产智能手机市场中的占有份额，足以证明小米手机在O2O模式中的成功经营。

从小米手机的案例中我们可以得出一个结论：**以用户感受为中心的O2O模式，不仅能够成就一个品牌，而且还能够决定品牌的存活能力**。

首先对于商家来说，用户感受之所以会成为营销要素之一，正是因为现在的用户越来越注重自身的感受，尤其注重用商品来表达自己与众不同的个性。因此，**商家首先要清楚用户的感受，究竟对于商家来说意义在哪里？**准确地说，在O2O模式中，“用户感受”对于商家来说，不仅是商家营销宣传的方向，而且也是商家进一步创新产品的基础。

其次，商家如何了解用户感受呢？其实方法有很多，但是最为有效的就是两种方法：第一种方法是与用户充分地互动，让用户参与营销。现在的用户注重的是自我存在的感觉，因此商家要想法设法让用户参与营销，使得用户感觉到自己对于商家来说，不仅是独一无二的，而且也是非常重要的存在。如此一来，用户才能够将自身最真实的感受说出来，同时商家也可以及时地了解到用户的感受。

第二种方法是进行多角度、多层次的用户调查，尤其是对于目标用户的调查。任何商家都无法忽视目标用户，但是如果商家唯目标用户论，那么会出现一些问题和障碍，使得商家和用户之间产生很大的分歧和意见。因此商家在进行用户调查的时候，重点可以倾向于目标用户，但是对于目标用户之外的用户也必须认真对待，并且要制订一整套的用户调查方案。

再次，用户感受对于营销的作用是什么？在 O2O 模式中进行营销，商家一定要首先和用户建立良好的互动关系，只有商家完善的服务体系，才能够让用户一而再，再而三地选择购买商家的商品。而用户感受则是商家提高服务体系的重要参照物，同时也能够让商家更好地融合进 O2O 模式中。

简单地说，在 O2O 模式中，商家和用户不只是单纯的交易关系，商家要营造出一种和谐美好的氛围，使用户感觉与商家之间是朋友关系，如此一来，商家的用户关系网才会更加稳固，同时用户对于商家也会产生高忠诚度。

最后，商家如何运用用户感受进行营销呢？每一个商家的基本情况都是不一样的，因此营销的方法也不尽相同，但是用户感受必须要成为非常关键的因素之一。简单地说，商家的营销是为了什么呢？一方面是营销商品，另一方面是营销商家形象，而无论是哪一个方面，都不能够离开用户感受。

在 O2O 模式当中，只有将以用户为中心做到极致，才是商家最佳的营销方案，同时制造出“让用户尖叫”的营销效果。总而言之，只有用户感觉好了，你的商品才能够更好。

用户感觉并不是抓不住看不见的东西，尤其是在 O2O 模式中，用户感觉可以通过各种沟通渠道获得，因此商家既要对客服进行定期的培训，同时要制定完善的用户感受规划和制度，不仅要建立用户感受档案，而且还要将用户感受实实在在地运用到实际的营销中。

对于商家来说，把精力和重点从市场转移到用户上，可以说是一个非常艰难的过程。让用户在购买商品的同时获得更多的尊重，进而加深对商家的认同，最终成为商家最忠实的用户。

产品价值

在O2O模式当中，真正的产品价值不是营造出来的，也不是依靠所谓的“明星效应”炒作出来的，更不是商家“大喊大叫”出来的。真正意义上的产品价值，不仅取决于产品本身的质量，而且也取决于产品与用户需求的契合度。简单地说，产品价值就是产品本身。

无论市场中的商业模式如何变化，商业最终的本质就是用户和产品，而对于产品来说，自身的质量和特质，才是立足于市场，立足于用户最为坚实的基础。

首先，产品的价值究竟从何而来？简单地说，产品的价值就是产品本身。而具体一些说，产品的价值不仅是产品的质量，也是产品在市场中的口碑和占有份额，更是用户对于产品的认知度和认同度。

质量、口碑、用户三者结合在一起，就构成了一个产品实实在在的价值。抛开营销，回到最本质的产品中，在任何时代的任何商业模式中，“好的产品会自己说话”都是一句没有任何争议的真理。

其次，在O2O营销中，如何做才能够将产品价值充分体现出来？很多人都说，现在是自媒体的时代，要想充分地体现出产品价值，商家就必须要有将产品变成自媒体的能力。

将产品变成自媒体不仅仅是让产品自己为自己代言，更大的意义在于能够让更多的用户畅所欲言。对于产品价值而言，用户才是最有发言权的人，也是产品价值最终的载体。因此，商家必须要充分了解自家的产品，在O2O营销中针对产品特质来制订营销计划，进而使得用户第一次使用就喜欢上产品。

再次，用户与产品价值之间是什么关系呢？简单地说，产品价值通过用户的使用来实现，而用户也是产品价值最有效的体现。用户与产品价值之间，不仅是相辅相成的关系，而且也是彼此制衡的关系。

用户的需求制衡着产品最终的价值，如果产品价值超出了用户的需求，那么就会造成资源的浪费，以及用户对于产品的不接受和抵触；如果产品价值无法达到用户的需求，则会导致用户对产品产生失望的情绪，进而不再购买该产品。

由此可见，只有当用户需求和产品价值相互匹配的时候，产品价值才能够获得最大限度的体现，这也是产品价值最大化的关键所在。

最后，产品价值对于不同的用户群是一成不变的吗？答案一定是否定的，对于不同的用户群来说，商家要营销的产品价值一定是不一样的。

产品的价值就在于产品的创新和多变性，而使用产品的人则形形色色。也许产品此功能不受该用户的欢迎，但是不等于产品所有的功能都无法打动用户。准确地说，每一个用户关注的产品功能和方向都是不一样的，作为商家，你需要把用户的关注点和产品的价值紧密联系在一起，使产品价值被形形色色的用户所接受。

从 O2O 模式的特点出发，产品价值在营销过程中，既要有针对性也要有普遍性，如此一来，用户才能够更好地接受产品，同时认同产品的价值。

一次成功的 O2O 营销，必须要让用户记住产品的特质，同时也能够让用户更准确地理解产品的特点。现在很多商家用一些拗口的词语，或者一些看不懂的英文缩写来包装产品，以为这样做就能够拔高产品价值。这样的做法不仅无知而且非常愚蠢，现在的用户不仅高智商、高情商，而且接受的讯息都非常广泛，根本就不会再相信所谓的噱头。

或许商家比较新鲜的噱头能够打动用户的心，但是如果没有过硬的产品质量作为支撑，那么这种噱头所带来的效果也是非常短暂的。

由此可见，没有产品质量支撑的商业噱头，只能够是商家的障碍和陷阱，无法成为商家发展的驱动力。在O2O模式中，对于产品价值的描述不仅要图文并茂，而且要准确抓住用户的消费习惯和消费心理，跳出制造噱头的泥淖，让产品真正“高大上”起来。

在实际操作中，产品的品质以及用户的认同度才是产品最真实的价值所在，因此商家只有率先提高产品品质，才能够获得更高的用户认同度，如此一来，才能够达到O2O营销策划的预期目标。

产品不仅需要品质和特点的保障，而且也需要用户的认同，而O2O营销则是实现以上两点的最有效媒介。虽然现在是一个广告唱主角的商业社会，但是广而告之的背后，不仅需要更多的产品价值来丰富广告的内容，而且也需要商家的承诺和良知来保证营销策划的良性循环。

从产品价值的角度来看待大市场中的机遇，你会很自然地发现，凡是良性发展的商家无一不是看重产品品质和特点的。比如：国产智能手机的领航者小米手机，不仅年年有新款，款款有惊喜，而且其产品的质量和品位从未降低过，即使是在非常困难的时期里，小米手机的质量也在国产智能手机中名列前茅。

究其根本，作为O2O营销中的要素之一，产品价值在充分说明商家诚意的同时，也应该向用户传递正能量的产品理念。很显然，正能量的产品理念也是产品价值中不可忽视的组成部分。虽然产品理念的传递无法立竿见影地看到市场和经营效果，但是对于使用产品的用户来说，在逐步接受产品理念的同时，就是在逐步接受商家的品牌以及品牌所代表的意义。

比如小米手机所传递的产品理念就是支持国产智能手机，我们的国产手机一点都不比任何国外品牌的手机差。这样的产品理念获得了很多用户的支持，尤其是“80后”、“90后”的用户，更是成为小米手机最忠实的“粉丝”。

因此，产品价值不仅仅是产品本身，而且也包括了产品所带来的全部效应和效果。从产品价值方面来说，商家不仅要对自身和市场负责，而且更要对用户和未来发展负责，唯有如此，产品才能够在大市场之中具有真正的价值。

体验满足

用户的体验在 O2O 营销中占据非常重要的位置，如果用户针对产品的体验是满足的，那么用户就有可能会成为品牌的忠诚“粉丝”，并且在使用产品的过程中，不间断地为产品做宣传和推广。如果用户对于产品的体验不满足，那么用户就会很快放弃产品，转而购买并使用其他产品，而且由于现在市场的高速发展，用户很可能终生不再会关注和使用曾经体验不满意的产品，那么对于商家来说，真的是非常巨大的损失。

O2O 模式之所以会受到越来越广泛的关注和喜爱，正是因为 O2O 模式中强调的不再是商业利润，而是用户体验产品的满足感。

如今互联网几乎成为人们生活中不可缺少的重要组成部分，因此互联网上的用户自然就成为市场的主导消费群体。而 O2O 营销中的目标用户群，也正是互联网上的主导消费群体。从对待产品的态度来说，互联网上的消费者重视的是品牌和服务质量，而且他们更加愿意与人性化、互动能力强的商家进行交易。

因此，在用户体验的过程中，商家要充分做好各项工作，才能够让用户获得体验的满足感。

首先，给予用户充分的话语权，同时用人性化的服务进行互动。有一些商家在用户体验之后，只允许用户说好话，而一旦用户针对产品进行批评的时候，这些商家就会恼羞成怒，甚至剥夺用户的话语权。如此这种只能听好话，而无法接受意见的商家，唯一的结果就是失去更多的用户，进而导致自身的经营危机。

作为商家来说，不仅要充分地尊重用户的话语权，而且要人性化地与用户进行互动，随时了解用户在体验过程中的想法，如此一来，商家不仅能够赢得用户的信任，而且还可以及时调整营销方案，保证用户的体验满足。

其次，制订周密的体验计划，引导用户获得体验满足感。关于用户的体验计划，每一个商家都必须要认真对待，而且要在用户体验的同时，及时调整体验计划中不正确的方案。与此同时，商家必须对客服进行定期的、严格的培训，使得客服能够成功地对用户进行引导，让用户享受到产品最优秀的功能，如此一来，用户才能够体验满足。

商家要清楚体验的意义，之所以要让用户对产品进行体验，正是因为商家需要用户对产品有进一步的了解，进而愿意成为产品的用户。作为商家，你应该清楚，任何好的体验经历都是从细节开始的，所以体验计划的制订一定要细中求细。

很多人都不明白，苹果手机的性价比不是最好的，性能虽然很优秀，但是也不是最好的，为什么还会有那么多的人成为苹果手机的“粉丝”，甚至非苹果手机不可。

实际上，如果你看到了苹果分布在全国各地上千家的实体体验店，就会找到问题的答案。根据不完全统计，单是北京、上海、广州的苹果实体体验店，每一天的接待量都可以破万。同时苹果的任何一个产品都可以在网店上进行体验，虽然无法与实体体验店相比，但是也有很多的用户是通过苹果网店进行体验和购买的。

苹果的实体体验店中，所有的产品都是实体，而不是模型或者不完整的产品，这样的完全体验首先就让用户感觉到尊重和喜爱，同时也表明了商家对产品的自信心。通过完全体验之后，用户不仅会更加放心地购买商品，而且也会对商家产生更加信任和喜爱的感觉。

从苹果的实体体验店中，用户的获得远远要多于体验满足，试想一下，如果你是用户，那么你也愿意成为苹果的“粉丝”，因为你不仅得到了优秀的产品，而且还得到了商家的尊重，以及充分的话语权。

再次，带给用户意外的惊喜，超出用户的预期。用户开始对产品进行体验的时候，往往不知道自己究竟想要什么，这个时候，正是商家进行营销的好机会。尤其是在 O2O 营销中，商家一定要准确地抓住用户的消费心理，不仅在体验的过程中引导用户，而且也要让用户充分享受整个体验过程。

当用户将体验当成享受的时候，商家的体验计划就已经成功了 60% 以上。准确地说，即使用户在开始体验产品的时候，不能够确定自己的购买意向，当体验接近尾声的时候，大部分用户都已经作出了是否购买的决定。但是商家必须要清楚，当用户确定购买意向的时候，才是营销的最佳时机，这个时候，商家要给用户意想不到的惊喜，超出用户原本的预期，那么原本放弃购买的用户，80% 以上都会重新考虑购买产品。

最后，让用户真正成为“上帝”，体验心理满足。实际上，现在的用户已经不再满足于对于产品质量和价格的衡量、比较，而更多的是要通过体验获得心理上的满足，真正地享受购物过程，成为商家的“上帝”。

因此商家必须要契合用户的心理，让用户充分享受到作为“上帝”的特权，不仅要让用户满足产品体验，而且更要让用户满足服务体验，如此一来，用户才能够成为商家的“粉丝”，在使用产品的同时，义务地为商家进行宣传、推广。

在 O2O 营销中，当用户开始使用产品的时候，才是真正体验满足的开端，因此商家不能够因为完成交易就认为万事大吉了。

商家在随后的营销中，要时刻让用户感受到商家的存在，不仅是在为产品保驾护航，更是为了用户能够获得更加高级别的体验满足。如此一来，用户会满足于商家的态度和诚信，在与商家进行积极的互动之外，用户还会愿意将自己的体验告知商家。

要想让用户成为商家的义务宣传员，商家就必须在O2O营销中，给予用户体验产品的自由和满足。实践证明，用户在体验产品的过程中，满足程度越高，就越容易成为商家的“粉丝”和义务宣传员。

准确地说，用户体验的不仅仅只是产品，更多的是体验商家的实力和诚意。

口碑效应

在O2O营销中，传统的“喊叫式”销售不仅已经完全失去效用，而且还会引起消费者的抵触情绪，瞬间就会让产品变成“矮矬穷”。由于在O2O模式中，商家与消费者的互动变得非常频繁，所以产品或者服务的优劣，不仅能够第一时间在互联网传播，同时会决定此产品是前途光明，还是前途晦暗。

这就是互联网时代的口碑效应，相比较传统的口碑效应，O2O模式中的口碑效应更加能够立竿见影，而且对产品的影响是非常深远的，甚至可以说好口碑可以成就产品和商家，反之则会摧毁一个品牌。

那么在O2O营销中，口碑效应究竟是如何产生的呢？

在互联网已经主宰我们生活的时代中，任何产品都必须要小心翼翼地保护自身的口碑，因为如果商家不像鸟类爱惜羽毛一样地爱惜产品的口碑，那么这个商家注定是要被市场淘汰的。很多人都会说，互联网的时代是没有秘密的时代，对于商家更是如此，任何一点瑕疵都可能对口碑有损。

由此可见，在 O2O 营销中，真正的口碑效应就是从产品和服务的合理、细致、品质、诚信中产生的，也是要在这些方面中维持下去的。准确地说，O2O 模式中的口碑效应不仅是前所未有的平民化，而且也是前所未有的速度化，因此商家必须从一点一滴的细节做起，在尊重消费者感受的同时，加强与消费者之间的良性互动交流。

在 O2O 营销的进行中，商家需要如何运用口碑效应呢？

商家对于口碑效应必须小心翼翼地维护，同时要为口碑效应推出一系列的举措，使得口碑效应不仅仅停留在传播的阶段，而是要让口碑效应带领着商家和产品，成为 O2O 中的佼佼者。

第一，商家要充分地利用产品的"粉丝"口碑效应。对于商家来说，"粉丝"的口碑是最为宝贵的财富，因为"粉丝"都是普通的消费者，所以"粉丝"的话具有很强的扩散效应，比商家说再多的好话都要有效果。由此看来，商家的最重要任务就是维系与"粉丝"的互动，同时让"粉丝"充分地参与到产品的营销中。

第二，商家要善于用口碑讲故事，加固用户的品牌忠诚度。大多数的消费者，对于产品口碑故事的接受程度都是非常高的，因此商家要善于将口碑编成故事进行传播，如此一来，才能够进入消费者的心里，使得用户对产品和品牌的忠诚度增高。简单地说，只有灵活而具有人性化的传播，才能够将口碑效应最大化。

第三，商家要站在消费者的角度看待口碑，要温暖不要刻板。在 O2O 营销中，口碑绝对不能够是刻板而没有态度的，因为在 O2O 模式中的消费者，都是非常注重互动和人性化的，所以商家在运用口碑效应的时候，需要传播温暖的、有立场、有态度的口碑，只有这样的口碑才能够更容易被消费者接受，之后才会产生更大更良好的口碑效应。

第四，口碑效应要与产品紧密联系在一起，要品质也要口碑。有些商家认为，只要有产品就可以靠炒作和水军来获得口碑，然后就可以不要品质也拥有口碑了。但是这些不良商家忽视了一个问题，在O2O模式中，没有任何假口碑生存的环境，消费者是不容忍被欺骗的。所以，商家一定要懂得，好产品才能够有好体验，好体验才会有好口碑，简单地说，获得好口碑的根源，就是要拥有好的产品品质和服务。

在O2O营销的过程中，口碑效应不仅可以为商家带来大量的消费者和销售额，而且也能够帮助商家树立品牌形象，让消费者更加愿意与商家达成交易，并且为商家进行免费的口碑传播。

当互联网进入了O2O模式之后，商家和消费者之间的传统概念就一再被打破，由于有些商家的不良经营理念，使得一小部分商家认为，口碑已经过时了，商家不再需要什么口碑效应，只要能够“套牢”消费者，就可以营造一种虚假的繁荣氛围，甚至有些商家会花钱买一些假消费者，为自己的产品构建虚假的口碑效应。

这些商家的做法，其实是非常愚蠢而不明智的，他们不仅不懂得什么是真正的O2O模式，而且也不懂得如何才能够在O2O模式中赚钱。

在实际的操作中，O2O是最能够“大浪淘沙”的模式，那些假消费者、假口碑都会被非常轻易地识破，但是对于这些造假的商家来说，一旦造假被识破，那么后果会是非常严重的。这也是O2O中的口碑效应，只是这种反面的口碑效应几乎可以在一夜之间摧毁一个企业。

在O2O营销中，商家要想运用正面的口碑效应，就必须先从自身做起，做好产品的品质和服务，同时与消费者保持良好的互动关系，而且切记，千万不可过于急功近利，否则将会受到市场的惩罚。

接下来，商家需要走出禁锢自己的所谓“商圈”，用最普通、最平等的身份面对消费者，不仅要考虑到消费者的一切需求，而且要学会与消费者进行换位思考。如此一来，商家自然就会赢得消费者的好口碑，同时也会赢得一系列良好的口碑效应。

实际上，口碑效应之所以会成为O2O营销的要素之一，正是因为在互联网中，商家必须要在具备个性的同时，也要有一定程度的共性，才能够真正地获得消费者的高度认同。简单地说，没有温度没有态度的商家，根本就无法在O2O模式中生存。

由于在O2O模式中，大多数的消费者都会听取其他消费者的建议和意见作为是否购买产品的重要参考，已经购买产品的消费者所提供的建议，就变得格外的重要，甚至可以起到“一锤定音”的效果。

由此可见，口碑效应对于O2O模式中的商家是多么重要，当口碑效应开始影响到商家经营的时候，就可以将诚信商家和造假商家立刻分辨出来，使得消费者能够更加容易地选购到价廉物美的产品，也能够轻易地淘汰那些不诚信、造假的商家。

7 中国O2O发展现状和趋势

行业发展大势多于炒作噱头

对于O2O行业发展的现状和趋势，现在基本上有两种观点最具有代表性：一种观点是非常正面的，认为O2O是移动互联时代中，最具有发展潜质的行业，同时行业的发展也是大势所趋；另一种观点是相对负面的，认为O2O不过是炒作的噱头而已，并且O2O只是一个概念，根本就没有实现的基础和可能性。

对于以上两种观点，可以说支持者有之，反对者也有之，轻则各执一词，谁都无法说服谁，重则互相辩论，互不相让地驳斥对方的观点。

实际上，从移动互联的发展来看，O2O 的发展和壮大都只是时间的问题，因此行业发展必然是大势所趋。当然了，在大市场的背景下，也会有一些不和谐的因素产生，这就是有些商家借由 O2O 快速发展的态势，制造炒作的噱头，并且还进行了造假活动。但是，大市场具备完善的自我清理功能，不仅能够将这些不和谐的商家淘汰出局，而且还能够让更多、更好的商家进入 O2O 中，进一步推动 O2O 行业的大发展。

纵观大市场的现状，O2O 行业的发展具备了天时、地利、人和的各种有利的因素。

首先是天时。自从互联网进入中国以来，从来没有一个时期的发展能够与今天的发展相媲美，而移动互联网的发展则更是突飞猛进。随着手机 4G 网络的诞生和推广，对于普通人来说，O2O 模式已经不再只是一个概念，同时也是一个触手可及的高科技行业，能实实在在给生活带来方便。

其次是地利。移动互联网进入中国之后，就已经开始了本地化和社交化的转变，不仅适应了国内的大市场环境，而且也适应了国内消费者的消费习惯和消费心理。移动互联网越来越能够真实地贴近国内普通消费者的日常生活。

随着智能手机的快速发展，人们能在更大范围内进入互联网中进行各种活动，比如办公、娱乐、购物等。由于 O2O 模式的快速发展已经不存在任何技术性的障碍，这也就解决了 O2O 行业发展的地利问题。

最后是人和。通过多年的电子商务发展，国内消费者对于互联网的认同度越来越高，同时已经从 O2O 模式中获得了全新的体验。比如：电子电影票、电子机票、网络订购等，都已经被更多的消费者视为寻常的事情了。

由此可见，O2O 发展中的人和已经初具规模，并且对于 O2O 的未来发展趋势起到了应有的作用。准确地说，人和在 O2O 发展当中，不仅是非常关键的环节之一，而且更是推动 O2O 发展的原动力。

众做周知，互联网时代不仅信息共享，同时网络的病毒和不良信息也是共享的，对于 O2O 模式来说，发展的大趋势已经形成，但是其中也存在一些不和谐的现象，比如假品牌、假宣传、假“粉丝”等，甚至有些知名的商家也参与了炒作噱头。这些不和谐现象造成了一定程度的混乱，而且也打乱了 O2O 发展的规划，但是在行业发展的大趋势面前，这些不和谐现象必定会被淘汰出局，同时还给 O2O 行业一个河清海晏的发展空间。

从实际操作来看，任何一个行业的发展都不是一帆风顺的，既会有积极正面的因素推动行业发展，也会有一些消极负面的因素干扰行业发展，对于 O2O 行业来说也是如此。因此，我们不能够在不良的炒作噱头面前止步，而是要克服困难，排除各种干扰因素，更加扎实有效地发展 O2O 行业，使得行业能够在激烈的市场竞争当中立于不败之地。

无论是企业、商家还是普通消费者，对于 O2O 的发展现状以及未来的发展趋势都是非常有信心的，但是对于习惯了传统电子商务的商家和消费者来说，对于 O2O 的了解还是非常有限的，同时也无法准确地把握 O2O 的构建，以及实际的操作过程，因此直接导致 O2O 在发展过程中出现了一些不和谐的现象和声音。

但是从大市场的整体趋势来看，O2O 的发展空间不仅非常宽阔，而且随着移动互联网的普及，O2O 行业必然会进入各行各业，同时也会被形形色色的消费者所接受。

自从商业模式开始存在和发展，就注定不断会有新的商业模式代替旧的商业模式。全球进入互联网时代之后，O2O 就是移动互联网时代真正的商业模式革命。从 O2O 本身来说，不仅是运营模式和渠道的革命，而且更是营销战略和战术上的革命。商业模式在不断发展和变革的同时，也会带来让商家和消费者费解的过程和实际操作，但是任何障碍和困难都无法阻挡大势所趋，因为 O2O 的时代已经到来。

实际上，O2O 营销的重点就在于打通线上线下的节点和障碍，使得线上线下不再是独立而封闭的圆圈，而是互相畅通无阻的通道。O2O 行业的发展在已经具备了天时、地利、人和的基础上，也解决了很多技术层面的难题，使得行业的大发展拥有巨大的可能性。

然而，在行业发展的同时，我们也必须要看到整个行业还存在着一些问题，比如：法律法规不健全，有不良商家在此浑水摸鱼搅乱市场，等等。要想让 O2O 行业顺利地进入发展快车道，我们就必须要正视问题，而不能够逃避问题。真正看懂问题的根源之后，我们才能够更加顺利地解决问题。

总而言之，随着大数据时代的到来，O2O 在摸索中不断发展进步，当现代与传统相互交替的时候，不仅有大势所趋，而且也会有炒作噱头，无论如何 O2O 的发展是必然趋势，也是传统企业与商家在移动互联网时期最佳的出路和变革。

从 O2O 本身来说，各种发展条件已经成熟，同时时代也给了 O2O 发展的时机，因此 O2O 的发展是时代的选择，不是哪一个个人或者几个不和谐的因素就可以阻止的。对于企业和商家来说，一定要融入 O2O 的大发展之中，为自身赢得更大的发展空间。

反人类营销，还能赔多久？

营销就是通过宣传商家或者产品，达到提高知名度和认知度的目的。简单地说，营销是为了更赚钱。而有一些反人类的营销，不是为了赚钱，反而是为了赔钱。实际上，反人类的营销方式都是不正确的，而商家在刚开始的时候也是抱着赚钱的心态，却无法逃出不断赔钱的营销陷阱。

反人类的营销方式中，商家会以低廉的价格诱惑消费者，比如十块钱的家用电器，或者几块钱的名牌服饰，等等。由于价格非常有诱惑力，因此消费者刚开始的时候会趋之若骛，而商家也收获了大量的用户。

然而，反人类的营销不仅仅是以降低商品价格为代价，同时也降低了商品的品质和质量，以及商家的信誉和诚信。准确地说，反人类的营销方式赔进去的不仅是商家的利润，更有消费者对商家的信任。

既然反人类营销有如此多的陷阱和缺点，那么为什么还有的商家会运用呢？道理其实很简单，因为这些反人类的营销方式既简单、实用，又能够在一段时期之内达到商家的某些不良目的。

很多不良的商家都得到过反人类营销的好处，但是对于认真经营的商家来说，这些反人类营销方式不仅损害了商家和消费者的正常权益，而且也搅乱了市场的秩序，使得市场中原本正常的营销变成了消费者讨厌的方式。

反人类营销中，最常见的就是“喊叫式”和“低价式”营销，商家不管目标用户群是什么，也不管需求什么，只是一味地大喊大叫，“我的商品就是好，比其他任何同类型的商品都好”或者“我是在赔钱做生意，你不买就吃亏了”，等等。甚至有些不良商家对消费者有强买强卖的行为，使得消费者对其退避三舍。

实际上，利用反人类营销方式的商家都是非常愚蠢的，因为在信息和资讯高度发达的今天，消费者对其的营销诱惑会越来越具有抵抗力，而对其的低价竞争，也越来越明白其中的“猫腻”。所以消费者已经不再会轻易上当受骗，而参与反人类营销的商家则会受到市场非常严厉的惩罚。

从营销方式本身来说，只要商家能够善于利用，任何营销方式都是可以达到预期目标的。但是如果商家在策划营销的时候，就抱着欺骗消费者的心态和目的，那么商家所用的营销方式就是反人类的。同时商家必须要清楚，反人类的营销方式也许会有一时的效果，但是对于商家来说，损失的一定是商家的立身之本——诚信。

一旦某商家在消费者心中失去了诚信，那么消费者不仅自己不会再购买该商家的产品，而且还会口口相传，告诉身边的亲人、朋友、同事都不要购买此商家的产品。

大多数的反人类营销都是为了获取超常的利润，或者为了某些不可明说的阴暗目的，因此反人类营销不仅不能够达到宣传商家、发展商家的良好目标，反而会很轻易地摧毁多年辛苦经营的成果。或许运用反人类营销的商家还没有完全意识到，这些营销方式毁掉的不仅仅是一次营销活动，而是整个商家在消费者心中的正面形象。

“破坏容易，建设难”，对于商家的形象更是如此。商家要想在市场和消费者的心中树立一个非常正面美好的形象，一定要经过很多年的努力，而且要付出很多代价，但是要想彻底摧毁自身的正面形象，则只需要做一次反人类的营销就可以了。

对于商家来说，尽早地抛弃反人类营销方式，才能够尽早地进入盈利状态，商家的经营也才能尽早地步入正轨，远离被市场淘汰的悲惨命运。

有些人会问，什么营销方式才是反人类的呢？答案非常简单，不具备建设性的营销方式都是反人类的。当O2O商业模式开始进入大市场，并且以惊人的速度开始发展的时候，原本习惯了不良营销方式的商家们，应该开始思考今后的道路应该如何走了。

假如商家依然固执地坚持错误的营销方式，那么这些商家要面对的不仅是市场和消费者的淘汰，更是对于自身辛苦经营成果的背离和放弃。试想一下，一种营销方式不仅能够决定商家的命运，而且还能够决定市场的兴衰，恐怕只有O2O商业模式才具备如此巨大的力量。

国内的商家们已经到了非变革不可的地步了，如果不变革，那么商家面临的不过是两种可能，一种可能是商家可以侥幸在大市场中活下来，但是活下来之后的商家，还是要面临何去何从的选择，因为旧的营销方式已经无法适应现在的市场，同时更无法为商家赚取应得的利润。如果商家一意孤行下去，那么就意味着生存空间的紧缩，以及用户的大量流失。

另一种可能是彻底被市场淘汰，而这种可能性是显而易见的。一股浪潮汹涌而来，虽然我们不应该随波逐流，但是对于旧的事物，在应该放弃的时候就必须要放弃，即使对新的事物，我们还不是十分了解。

任何商业活动其目的都是为了盈利，而不是为了赔钱，因此在 O2O 的时代中，没有任何一个商家可以用反人类营销赢得最终的利润。准确地说，变革营销模式是每一个商家势在必行的事情，同时也是商家在竞争激烈的大市场中所获得的非常珍贵的发展机遇。

习惯了旧的营销模式的传统商家，以及在反人类营销中得到一些好处的商家，都不愿意马上放弃不科学的营销方式，但是任何商家都没有能力违逆大趋势，即使商家的实力再强大，如果不能够顺利地转型为 O2O 营销模式，那么对于商家来说，未来的发展之路就已经被堵死了。

在大市场中，反人类营销模式必然要被淘汰，那么对于商家来说，应该清醒地认识到，在反人类营销中所获得的益处远远超过了弊处，同时商家再也不能赔掉信誉和诚信，而只为了一点点蝇头小利，那么商家不仅无法在市场中立足，而且也无法对得起自身的努力和辛苦。

百花齐放，O2O 进入细分时代

进入 O2O 时代，中国的 4 亿多网民不仅都是消费者，同时也都是经营者，因此在 O2O 模式中，商家的经营分类呈现出非常细致化的发展趋势，甚至出现了上百种在传统电子商务中闻所未闻的商家和行业。这样的情况证明中国的 O2O 已经进入了百花齐放的全新发展阶段，不仅商家的经营进入细分领域，而且商家和用户之间的差别也在不断地弱化。

进入细分领域之后，不仅商家的经营类别在细致化，而且有很多的行业还繁衍出更多的分支行业，比如：物流行业就是借助 O2O 模式发展起来的，在物流行业中，又细化出快递、宅急送等不同的行业分工，同时还有线上的客服以及线下的各种配套行业。

O2O模式不再是简单的交易经营，而转为经营人气和诚信，哪一个商家的诚信度高，人气旺，哪一个商家就可以在O2O中赢得利润。相反，如果商家不懂得与用户保持良好的互动关系，依然粗枝大叶地对待用户，那么这样的商家很快就会消失在O2O模式中。

在自媒体时代中，任何人都可以是用户，任何人也都可以是商家，因此O2O模式是典型的“点对点”的营销方式，商家与用户之间不再只是交易关系，而是一对一的营销关系。

O2O的“点对点”营销模式已经注定了线上线下需要重新洗牌的态势，同时O2O的商家已经意识到，在“点对点”的营销中，如果不能够掌握最新的经营理念，不能够给予消费者细致、周到的服务，那么商家将无法在O2O中生存。因此，O2O的商家越来越细化，而且所占据的行业也越来越丰富。

第一，经营商品的细化。

“网上什么都能买得到。”对于这句话，大部分网民都是非常认可的，这就是O2O细化经营商品给予消费者的最大益处。准确地说，现在的互联网不仅什么商品都可以买到，而且所有商品也会分出很多的分支，比如：网上的服装店，就有专门经营孕妇服装、胖人服装、英伦风格服装、亚麻材质服装等的细化分类。

由于是“点对点”的经营模式，所以对于商家来说越是细化的经营，就越能够准确地击中消费者的需求，同时也能够使得消费者增加对商家的了解，甚至可以产生“以后买这类的服装，就到你的店里”这样的忠诚度。

由此可见，在O2O中经营商品的细化是第一步，也是非常关键的一步，商家只有准确地定位自身，才能够吸引更多有需求的消费者。

第二，行业内部的细化。

O2O 中的所有行业都处于不断细化的进程中，行业内部的细化不仅带动了行业的整体发展，而且也让各个行业能够真正开始“点对点”的营销。在 O2O 时代之前，行业的最佳状态就是包罗万象，只要与行业有关系的，企业都要拿过来经营。

但是由于能力和实力的限制，行业内部无法彻底消化，从而导致了有些行业分支无法获得发展的机会，进而导致偏废。这样的情况在 O2O 模式中得到彻底解决，因为 O2O 模式不仅支持行业的整体发展，而且由于人力物力的合理配置，使得行业中各个分支都能够获得合理的发展机会，进而促使行业内部的细化更加科学、可行。

第三，整体服务的细化。

在 O2O 模式中，任何商家都清楚，没有细致化的服务，就无法留住消费者。因此，商家对于客服的要求都是非常严格的，比如：消费者在购买服装的时候，由于网络无法实体试衣，所以需要客服根据自己的身高和体重给出合适的服装尺码。哪一家的客服给出的尺码准确，消费者就会有转变为回头客的可能性，相反，如果客服无法给出准确的服装尺码，那么消费者很可能就会因此而放弃这一次购物。

整体服务的细化不仅表现在人性化上，而且也表现在售前、售中、售后的各个环节中，可以说商家的客服几乎是陪伴着消费者完成整个选购过程的。同时对于服务的传统理念已经被打破，对于商家来说，提供给消费者的服务不再是刻板的，而是周到细致的，同时最重要的变化是任何服务都是一对一的。

第四，商家自身的细化。

对于商家本身来说，进入 O2O 的过程，就是不断细化的过程。不仅包括了商家产品的细化，而且也包括了商家人员的细化。在传统的电子商务中，商家对自身没有细化的要求也能够很好地经营下去。但是在 O2O 中，如果商家自身的细化不到位，那么就会直接影响“点对点”的营销方式，进而导致营销的失败结果。

因此，为了更好地经营和赢得利润，商家对于自身的经营、人员、产品都必须不断进行细化。准确地说，商家自身越细化，那么消费者就会对商家越满意，从而商家就可以从众多的同类型商户中脱颖而出成为消费者的首选商家。

第五，用户需求的细化。

实际上，O2O中的任何细化都是为了满足用户不断细化的需求，现代的用户已经从单一的使用商品，转变为在使用商品的基础上，也要欣赏商品以及挑选商品。这样的转变对于商家来说是一个非常大的挑战，因为这样的转变就意味着，旧的营销模式已经全部失去了效应，只有尽快满足用户全新的需求，商家才能够赢得继续生存和发展的空间。

随着生活水平的提高，以及社会资讯的高度发达，用户的需求也在层出不穷地变化着，比如：用户之前只需要与众不同的服装，但是用户现在需要即与众不同，又能够体现自己个性，并且符合自己身份的服装。那么作为商家，如果你的营销只停留在第一个层面上，那么用户很容易就会因为你无法满足他们的需求而放弃你。

综上所述，O2O在进入细化领域之后，无论是平台还是商家都可以获得更多更好的商品和发展空间，而消费者则可以享受到更加细致周到的服务，以及满足多层次的需求。在细化的过程中，商家必须要注意，无论怎样细化都不能够失去原本的经营目标，不能够丢掉自身的特质。

平台、商户、用户，三方共赢才能发展

O2O模式之所以会受到最广泛的接受，并且得到如此大发展的机

遇，正是因为 O2O 模式中的共赢机制。21 世纪就是共赢的时代，因此任何能够达到共赢目标的营销模式，都可以在这个时代中赢得空前的发展机遇。

然而，有些人却不明白共赢的道理，只是一味地想要突出自己的能力，而忽视其他人的努力，这样的人在 O2O 模式中是无法生存的。

直白地说，平台、商户、用户在 O2O 中是共存共赢的关系，如果其中有一方不配合，那么其他两方就都会出现问题。从商业的角度来看，共赢的关系也是相互制约的关系，不能够太突出自己，也不能够过度忽视对方。

要想达到平台、商户、用户三方共赢，**首先要解决的问题是：平台对于商户提供了哪些支持和服务？**

作为最基础也是最重要的平台，不仅要不断完善自身的功能，也要时刻关注商户的需求。比如：有些平台无法提供第三方支付平台，也有些平台不支持二维码的被读业务。这些平台不仅无法继续吸引商户，而且也使得平台自身的发展走进了“死胡同”。

对于平台来说，最可怕的不是裹足不前，而是事不关己高高挂起。有些平台认为“我只是提供平台而已，那些业务都是商家自己的事情，和我没有关系”。一旦平台有了这样的经营理念，那么商户就无法从平台那里得到任何的支持和帮助，反而要自身辛辛苦苦地再建设一个平台。

在这种情况下，大多数的商户都会选择转移平台发展，因为商户没有得到平台应有的支持和帮助，也没有必要再与平台共同努力了。

其次要解决的问题是：商户和用户之间要如何相处？

商户在满足用户需求的基础上，必须要想方设法地与用户建立长期而稳定的联系。因为在 O2O 中，商户的人气是非常重要的参考数据，事实证明，在 O2O 中一个没有人气或者人气不旺的商户是没有前途的。

商户为了留住用户，不仅要提供优质的产品和周到的服务，而且更要抓住用户的根本需求，不断改进自身的经营理念和营销方式。准确地说，商户要让用户清楚，有了用户的支持，商户才能够发展得更好，而不断发展壮大的商户，才能够为用户提供更好更完善的商品和服务。

商户和用户之间是相辅相成的关系，简单地说，商户需要用户的支持，而用户也需要商户尽快地成长和壮大起来。

最后要解决的问题是：平台如何维系商户和用户？

简单地说，平台之所以不仅要维系商户，而且还要维系用户，正是因为对于平台来说，商户和用户是同等的重要。如果平台上只有商户而没有用户，那么平台就无法留住商户；反之，只有用户而没有商户，那么平台则可能很快倒闭。由此可见，商户和用户之间的平衡点就是平台，所以平台不仅要提供完善的服务，而且还要提供权威的监督和检查。

商户和用户在平台上进行交易和联络，所以平台不能够只做简单的平台，而是要做完善而健全的平台。实际上，任何平台都不可能做到一步到位，但是聪明的平台会同时关注商户和用户的需求，并且把这些需求当成自身发展的原动力。只有将商户和用户都维系在平台上，那么平台的存在才具有最为现实的意义。

在O2O中，平台、商户、用户三者非常像是一个团队，团队中的任何一个成员都不能够不干活，而坐享其成。团队中的每一个成员都必须要精诚合作，不仅要充分表现出自己的诚意，而且也要不断修正自身的缺点。只有团队里的每一个成员都真正融入团队中，这个团队才能够真正成为高效能的团队。

同时平台也要担负起平衡、监督的职责，不仅要对商户进行检查监督，而且也要及时地平衡商户和用户之间的关系。如此一来，平台、商户、用户才能够达到共赢的目标，并且也能够共同、持续地发展。

虽然从根本利益上来说，平台、商户、用户三者之间没有本质的冲突，但是作为独立的个体，为了维护自身的发展，三者之间还是会出现很多矛盾。比如：商户想使用信誉度较差的第三方支付，但是这会对平台的信誉造成威胁，不过用户似乎也非常认同商户的意见，这个时候就需要平台能够冷静处理，不能够只是单纯地制止商户的行为，同时也要让商户和用户都明白其中的利害关系，以及会造成的严重后果。

实际上，只要平台能够合理地处理问题，商户和用户还是愿意接受的。同时平台必须要注意，千万不可以“朝令夕改”，今天刚刚定好的制度，明天就更改了。因为商户需要一段时间接受并且消化平台的制度，而商户也需要对用户进行必要的制度解释，所以当平台不断地、没有理由地变换制度时，就是平台即将失去商户和用户的时候。

与此同时，商户和用户也必须要与平台建立“统一战线”，不仅要充分理解平台的制度，而且也要让平台充分了解商户和用户的处境和需求。

准确地说，只有平台、商户、用户都能够和平共处，同时又可以彼此了解、谅解，最终的 O2O 模式才能够真正形成。同时对于平台的建设和完善，商户和用户也不能够袖手旁观，而是要积极参与。实际上，平台的每一次进步和完善都有商户和用户的功劳，并且商户和用户必须要清楚，平台是最基本的生存条件，只有平台越来越宽广、越来越稳固，商户的经营才能够越来越出色，而用户的需求才能够获得充分的满足。

总而言之，平台、商户、用户三者之间需要共赢的模式，因为只有共赢才能够共同发展，而只有发展才有更加美好的未来。

从单纯的信息中介向交易化平台发展

在传统的电子商务中，平台只是非常单纯的信息中介，不仅不具备支持和帮助商户的能力，而且也因为商业模式的限制而无法充分开放自身的优势。当我们进入O2O模式之后，平台就不能够满足于只做信息中介，而是要向交易化的平台发展。

那么，传统平台（只做信息中介）与现代平台（交易化平台）之间究竟有什么区别呢?

区别一：对于信息的处理方式和方向不同。

传统平台会将所获得的信息放在大家都看得到的地方，任何人都可以获得信息，但是传统平台上的信息是粗制的，没有经过提炼加工，甚至运用信息的人根本无法分辨真假。简单地说，传统平台就是信息中介，有人传播信息，也会有人应用信息，但是没有任何的管理和监督。

现代平台不仅要将信息分门别类，而且需要及时地更新信息，以及确定信息的真伪。准确地说，现代平台具有传播和交易的功能，并且需要同时确保商家和消费者的权益。由此可见，现代平台必须要对平台上的信息负责任，并且要起到及时调整和纠正错误信息的职责。

区别二：对于商户和用户的服务不同。

传统平台对于商户和用户基本没有服务，只是简单地把商户和用户放在同一平台上，任何的互动和交易都与平台无关，因此产生的任何后果，平台也都不会负责任。直白地说，传统平台对于商户和用户的服务几乎为零。

现代平台不再是只单纯地注重容积的平台，而是把商户和用户都看作服务的对象，不仅会提供细致周到的服务，而且也会对自身的服务进行不断的调整和完善。准确地说，现代平台就是一个企业，把所有企业应该做的事情都做好之后，商户和用户只需要使用平台就可以了。

区别三：平台的根本属性完全不同。

传统平台是非常概念化的平台，没有任何架构和服务而言，非常简单而粗陋。传统平台的属性既非社会性，也非网络性，而只是一个传递和接收信息的中介化平台。准确地说，传统平台不仅无法满足商户和用户的需求，而且在某种程度上也无法担负任何责任。

现代平台是非常具象化的，平台的架构、流程、管理、监督等都是形成体系在运行的。现代平台的根本属性是企业化的，不论从平台的日常管理，还是从平台的应急处理上，都与经营企业是一般无二的，因此现代平台为商户和用户提供的是完整而可靠的交易化平台。

综上所述，平台在O2O模式中的变革也是非常关键的，如果平台不能够及时更新到O2O模式，那么商户和用户也会在感到交易不顺畅的同时，改为运用其他的更加完善的平台。那么，传统平台要如何转变为现代平台呢？

第一步，抛开传统平台的陋习，逐渐向企业化转变。

首先要将传统平台的陋习全部割除，在O2O的变革中，对于传统平台转型的要求很高，因为市场的运作和需求是不允许平台一点一点地进行变革，所以，传统平台对于习以为常的陋习，以及不良的经营习惯，都必须要用最短的时间割除掉。

准确地说，传统平台要想成功转型，首先要转变的就是经营理念。传统平台必须放下过去的旧式经营信息中介的理念，转而树立经营标准化企业的理念，只有这样，传统平台才能够迈出成功转型的第一步。

第二步，认真对待每一条信息，逐渐形成信息化链条。

在经营理念转变之后，平台所面临的就是具体的实施步骤。简单地说，就是要从凡事不管的“甩手掌柜”，转变成既要管理也要监督的“领导者”。最为具体的做法就是从每一条信息开始，不仅要细化信息的分类，而且要不断整理和纠正平台上的所有信息。

平台需要把简单的、独立的信息，转变成一条优化之后的信息链，这样做的目的就是为了让商户和用户从信息的状态中读懂平台转型的信息和诚意。同时，对于信息的整合也为平台的进一步转型做好充分的准备工作。

第三步，与商户、用户充分互动，逐渐形成平台自身特质。

归根结底，平台无论是转型还是建立信息链，都是为了能够更好地为商户和用户服务，并且提供更加优良的交易化平台。因此，平台要保持与商户、用户的互动交流，不仅要在互动交流中了解商户、用户的真实需求，而且还要逐步建立起属于平台自身的，独一无二的特殊气质。

如今的大市场中，竞争激烈已经是人人皆知的事实，要想在竞争中求生存、求发展，平台就必须要在共性的基础上，建立自身的特性，如此一来，才能够让更多的商户、用户在众多的同类型平台中选中你的平台作为基础阵地。

第四步，形成管理和监督机制，使得平台步入正轨经营。

任何企业都必须要有完善的管理和监督机制，对于转型中的传统平台更是如此。要想让平台能够平稳地从信息中介转型为交易化的平台，就必须要从制度上抓起。准确地说，没有完善和严格的制度，平台是无法转型成功的。

交易化的平台不仅综合了平台的诸多功能，而且也极大地满足了商户、用户的需求，在O2O模式中起着至关重要的作用。因此，传统平台不能够抱着侥幸的心理对大市场的现状进行观望，而是必须积极主动地进入转型的行列中。简单地说，形成了管理和监督机制的平台，才具备了现代平台的雏形。

综上所述，从传统的信息中介平台，到现代的交易化平台，不仅不能够停下脚步进行观望，而且还要抓住一切时机进行大幅度的变革。

现代的商户和用户的需求已经发生了翻天覆地的变化，他们不仅要求平台能够提供系统化的支持和帮助，而且更加要求平台能够有规范交易的能力和实力。与此同时，平台从自身的未来发展着想，也必须要更好地建设自身，不仅是为了留住商户和用户，也是为了在O2O模式中占有一席之地。

本土化、社交化和无界经营才是O2O的蓝海

在O2O已经占据大市场的今天，我们需要考虑的问题不再是“我们要不要O2O”，而是“我们要如何实现O2O”以及“我们要实现怎样的O2O”。

对于今天的中国商家和消费者来说，O2O模式虽然不再陌生，但是也不十分了解，所知道的不过是“听说”和“书本”上的概念和理论。在我们的日常生活中，即使O2O所占据的比例越来越多，但其实大多数的人对于O2O还是“雾里看花”。

那么，O2O在中国的发展之路究竟在哪里呢？O2O的蓝海究竟在哪里呢？实际上，这两个问题的答案是相同的，O2O必须要本土化、社交化、无界经营才能够在中国市场中进一步发展，同时也才能够进入真正属于O2O的蓝海。

首先，进入中国市场的O2O，必须要本土化。

任何一种商业模式在特定的社会环境中发展，都必须要过本土化这一关，对于O2O来说也不例外。如果O2O坚持不向本地化转变，那么等待O2O的就只能是“水土不服，上吐下泻”，甚至会使得O2O黯然退出中国市场。

由此可见，本土化的进程是必不可少的，俗语说“入乡随俗”，我们为什么要“随俗”呢？正是因为我们必须融入之后才能够进一步发展和壮大，对于O2O来说更是如此。

O2O之所以必须本土化，正是因为中国市场具有不一样的规则和特质，如果无法充分适应中国市场，那么就会面临着被淘汰的命运。因此，O2O必须要尊重中国的市场规范，同时也要充分地了解中国商户、用户的

消费心理和消费习惯，以此作为进一步本土化的资料。

在O2O变成中国的O2O时，本土化的进程才迈出了第一步。直白地说，如果O2O只会说英文，而不会说中文，那么中国的商户、用户要如何应用呢？

其次，从交易化到社交化，O2O必须要顺势而为。

O2O在交易化的同时，也必须要注重社交化，现在的中国社会越来越多的人习惯不见面的社交方式，比如微信、微博、QQ等，越来越多的人在网络社交平台上互相认识，成为好友，有些人之间甚至没有见过面，也可以彼此成为好朋友。

由此可见，O2O的社交化也是必然的发展之路。但是无论是交易化还是社交化，O2O都必须要顺势而为，不可强行加快进程。

O2O的发展必然会带来更多不一样的平台，而其中社交平台的建设最为重要，对于商户和用户来说，社交不仅是为了交易，更是为了聚集更加旺盛的人脉。简单地说，社交化之后的O2O在吸引更多商家和消费者的同时，也为自己打开了一条通往成功的道路。

构建属于自己的社交平台，一方面有利于O2O本土化的发展，另一方面也能够让平台上的所有人都拥有与众不同的朋友圈。

最后，在O2O中，无界经营才是最根本的盈利之道。

任何传统的经营方式都会存在很明显的行业界限，而在O2O中，获得最高盈利的商家，却往往是打破行业界限进行无界经营的商家。实际上，道理非常简单，因为在O2O的经营中，只要商家不为自己设置限制，就不会存在任何的行业限制。

准确地说，企业要想成功转型O2O，就必须要打破自身经营和理念的界限，接受O2O中无界限的经营方式，同时企业也需要根据自身的经营经验以及商业特点，来确定无界经营的方针和方向。

从实际情况出发，O2O中的无界经营是打破行业之间的界限，同时也打破传统的营销方式，而绝对不是打破正确的商业道德观念，以及诚信经商的准则。

进入大发展阶段的 O2O，在本土化、社交化、无界经营所构成的蓝海中获得自由遨游的空间，以及未来发展的空间。对于中国的企业、商家、用户而言，O2O 都是非常重要的转折点，不仅能够改善生活质量，而且可以让所有的人都能够享受到更加方便、快捷的生活乐趣。

事实证明，中国已经进入了 O2O 时代，而这个时代为更多的普通人创造了机会，使得更多人能够按照自己的意愿经商或者生活。准确地说，O2O 不仅仅是一种模式，它是一种全新的、自由的生活方式。

要想使 O2O 在本土化、社交化、无界经营的蓝海中游得更远更自在，企业和商家就必须要改变一些陈旧的经营和营销理念，不仅要站在 O2O 的角度考虑问题，而且也要用 O2O 的方式来经营企业，并且营销产品。

O2O 带来的不仅是营销模式的变革，而且也是大市场的一次翻天覆地的变革。因此无论平台、商户、用户都会自然而然地参与这一次的变革，准确地说，这是一次社会化的营销模式的颠覆，对我们每一个人的生活都会产生一定程度的影响，以及与以往不同的改变。

从构成 O2O 蓝海的三个要素——本土化、社交化、无界经营的本质来说，本土化需要平台充分地了解地域特点以及相关的消费习惯，尽量让 O2O 营销不显得异军突起而让商户、用户感觉到不适应，从而减弱 O2O 营销的阻力和障碍。

而社交化则是为 O2O 聚集人气。众所周知，O2O 已经抛开了传统的单纯的交易模式，进而成为一对一、点对点的营销模式，无论任何人在 O2O 上都拥有自己的话语权，因此 O2O 的信息传播得最快，而社交中信息和话语权是非常关键的因素。当 O2O 成为社交的重要平台时，就是人气最旺的时候，商家和消费者自然就会提高对 O2O 的认同度和认知度。

对于企业来说，无界经营不是一件非常容易的事情，首先打破旧的经营和营销理念就是一件任重而道远的工作，而接下来细化的工作就更加困难了。所以，企业要从认识自身开始，逐步向无界经营发展，不可勉强也不能够急功近利。

而对于O2O平台上的商家来说，真正的无界经营不仅意味着盈利，也意味着挑战传统，因此商家必须要格外谨慎小心，同时也要根据自身的实际情况进行无界经营的转变。

第二章　玩转 O2O 的那些大佬们

任何营销模式都会有先行者，而这些先行者的经验、教训都是给后来者的资源教材。在中国的 O2O 营销进程中，有很多大佬们，他们不仅玩转了 O2O，而且也成为大市场中的新贵。现在我们就看一看这些大佬们是如何玩转 O2O 的。

1 零售：聚美优品，从线上走到线下

2014 年 5 月 16 日晚，作为第一个在纽约证券交易所正式上市的垂直化妆品电商，聚美优品以每股 22 美元的价格发行。而 2015 年第一季度的财务报表显示，聚美优品的股票净营收 2.5 亿美元，同比增长 61.8%，同时也实现了持续盈利。

聚美优品由陈欧和戴雨森于 2010 年 3 月创立，作为国内第一家限时化妆品特卖的电子商城，聚美优品不仅跟随着 O2O 在中国的发展进程而异军突起，同时聚美优品也开创了可以复制的 O2O 成功模式。

首先，聚美优品具有独特的经营理念，并且在经营中贯彻这些经营理念。

聚美优品的进货渠道都是非常正规的，同时聚美优品坚持从采购阶段开始，一直到化妆品到达消费者手里为止，都设置聚美优品自己的质检员和监督员，不仅让消费者在聚美优品可以放心地享受低价格的正品化妆品，而且也保证了消费者能够有非常愉快的服务体验。

由此可见，聚美优品的经营理念是与众不同的，不仅拥有自己的进货渠道，而且自建仓储和物流，所有的经营流程都在很强的控制和监督中，所以赢得了消费者的信任。

实际上，从创建之初聚美优品的经营理念就非常清楚，就是要为所有

的女性做一家化妆品的正品折扣网店。聚美优品创新地建立了化妆品团购的模式，每一天网站都会精选十几款最热门的化妆品发布在团购区域内，供消费者进行团购。

因此当消费者在聚美优品购物的时候，完全是处于非常安全而干净的购物环境中，聚美优品不仅承诺都是正品化妆品，而且还有更加严格的售后服务机制，使得消费者打消顾虑，放心选购。

其次，聚美优品不断接受市场的考验，在O2O中成为垂直化妆品电商的领先者。

大市场中电子商务的发展是突飞猛进的，也是非常不规范的，而面对激烈的竞争环境，聚美优品不仅保持了客观理智的经营态度，而且在垂直化妆品的营销中，逐渐成为O2O模式中的领先者。这一切都得益于聚美优品能够直面市场的考验。

当网络购物的商誉和环境都已经非常糟糕的时候，聚美优品就像是电商中的一股清流，对于垂直化妆品电商的经营和营销都起到了领头和规范的作用。

聚美优品最重要的转折发生在2013年，总裁陈欧表示“因为电子商务开设门槛太低，消费者对于线上化妆品有种天然的不信任，选择此刻切入线下，将有利于解决消费者信任的问题”。从此，聚美优品成为国内第一家正式进入O2O模式的垂直化妆品电商。

自此之后，聚美优品开始走一条从线上到线下的发展之路，线下的旗舰店不仅完善了聚美优品的整体形象，而且也让聚美优品成为O2O中的成功者。

再次，聚美优品保持对市场的敏感度，适应O2O的发展要求不断完善自身。

聚美优品之所以每一步都能够走在市场的前沿，正是因为聚美优品始终保持着对大市场变化的敏感度，同时进入O2O模式中之后，随时都在根据 O2O 的发展和要求，修正自身的经营和营销方式，提高自身的能力和实力。

聚美优品从线上走到线下，然而无论线上还是线下，聚美优品之所以能够获得成功的秘诀只有一个，那就是诚信对待消费者，坚持自己的经营理念。

应该说，聚美优品是非常幸运的，因为有 O2O 模式的支持和引导，而聚美优品又是非常有远见的，因为掌握了 O2O 的秘诀，成就了自身从线上到线下的商业营销传奇。从聚美优品的成功，我们可以看出始终以消费者为核心的经营和营销理念，在 O2O 中是最为关键的因素之一。

从线上的电商到建立线下的旗舰店，聚美优品的每一步都跟着大市场前进的步伐，不仅成为 O2O 时代的领先者，而且更加为自身带来了广阔的发展空间。

最后，聚美优品持续开发市场，使得线上、线下成为一体。

在线上的时候，聚美优品就已经具备了良好的行业口碑，以及消费者的充分信任。在线上经营和营销成功的前提下，聚美优品大胆打破了线上、线下的界限，在线下创立了自己的旗舰店。因此聚美优品在线下的旗舰店，不仅延续了线上的优异成绩，而且还吸引了更多的消费者。

准确地说，聚美优品在线下的旗舰店，不仅让聚美优品拓展了企业自身的业务，而且也让对聚美优品依然心存怀疑的消费者打消了疑虑，同时成为聚美优品的忠实用户。

2015 年 4 月，聚美优品的联合创始人兼高级副总裁戴雨森表示，聚美优品将要上线母婴频道。母婴频道的上线不仅代表着聚美优品打破了自身经营和营销的模式，而且也使得聚美优品的市场占有率又提升了一个档次。

与此同时，聚美优品还开发了海外代购市场，聚美优品的做法就是与海外品牌建立直接联系，依然在保证产品质量的同时，保障消费者能够体验购物的满足感。

可能还有人质疑聚美优品的营销模式，但是聚美优品的成功是毋庸置疑的。在竞争如此激烈的大市场中，在网络电商环境如此恶劣的时候，聚美优品的成功让我们获得了宝贵的启示：建立自己的渠道、仓储、物流，只有让消费者信任和体验满足感，企业才会拥有真正的未来。

从线上走到线下，聚美优品的品质没有变，宗旨没有变，核心没有变，而变化的只是营销模式而已。聚美优品在转型的重要阶段，果断地将第三方平台上的奢侈品牌砍掉，同时将美妆业务纳入自营的范畴里。这样的经营举措虽然在短时期内会损失很多业绩，但是从长远发展来看，则有利于加强企业的集中管理，并且有利于控制产品的质量。

聚美优品的成功转型，不仅让所有的零售商都看到了O2O模式的优势，而且也为后来的零售商提供了可供参考的O2O营销成功范例。因此聚美优品的成功不仅仅是企业自己的成功，也是属于O2O时代的成功。

2 餐饮：饿了么，叫个外卖

2009年4月，网上忽然传来一片“饿了么”的声音，有好奇者打开网页搜索，发现“饿了么”实际上是一家餐饮平台，而且是现在国内最大的餐饮O2O平台之一。作为饿了么的创始人，张旭豪、康嘉等人为饿了么的定位就是“跟吃有关的一切”。

饿了么整合了线上线下的餐饮资源，不仅与品牌餐饮订立合同，而且还拓展了饿了么的客户端，使得用户从手机、电脑上都可以搜索到周边的美食，并且在线上预订之后，可以线下享受美食。

由于饿了么的业务定位和用户定位的准确性，截至 2015 年 7 月，饿了么已进入超过 260 个城市，累计用户近 4000 万人，加盟餐厅近 30 万家，日交易额超过 6000 万元，超过 98% 的交易额来自移动端。

饿了么的成功源于明确的经营宗旨，以及 O2O 的营销模式。饿了么的经营宗旨非常明确，就是“跟吃有关的一切”，而对待用户的态度也非常明确，就是要让用户方便快捷地享受到营养、健康的饮食。因此从经营宗旨上来看，饿了么很明显是在传递一种健康的、年轻的饮食习惯和生活习惯。正是如此旗帜鲜明，而又积极向上的经营宗旨，迅速得到了最广泛用户的支持和信任。

与此同时，饿了么在开始经营的时候，就充分运用了 O2O 模式进行营销，不仅整合了线下的资源，而且不断增加线下的餐饮品牌，同时也精心打造了线上的资源，使得用户无论在任何地方都能够享受到及时的线上订餐，线下吃饭的服务。准确地说，饿了么用 O2O 营销模式，解决了线上、线下的一体化运营问题，同时也使得消费者可以吃到价廉物美而健康的好食品。

饿了么是针对现代都市白领们生活节奏快、没有时间好好吃饭的问题，打造的一个关于吃饭的平台，使得现代都市人不仅方便快捷地吃到健康、营养的食物，而且还能够节省时间和金钱上的成本，这其实是现代都市人最为需要的。

现在饿了么已经覆盖了北京、上海、广州、天津、杭州等国内一线城市，无论是高等学府，还是白领写字楼，饿了么几乎是无所不在的。而且饿了么的操作系统非常人性化，只要用手机或者电脑下载客户端之后，立刻就能够搜索到在你身边的热门美食和餐厅。同时饿了么不仅支持在线订餐，而且还支持语音订餐，当你订餐之后，饿了么就会将你喜好的餐厅和美食都收藏起来，以备今后你再一次使用时方便查询。

自从创建以来，饿了么就不断地更新运营和营销方式，始终站在行业的最前端，创造了企业一个又一个的O2O奇迹。同时，饿了么的成长过程就是中国O2O营销模式的成长过程，因此饿了么虽然只是一群大学生的“奇思妙想”，但是如今已经成就了更多年轻人的“奇幻之旅”。

饿了么不仅是商业奇迹，更是只有O2O才能够创造的传奇。所以现在，饿了么对于都市白领不仅仅是一个订餐的工具，而逐渐成为陪在身边的一个特殊“朋友”。

同为O2O经营餐饮的“叫个外卖”，其宗旨和经营与“饿了么”截然不同。叫个外卖的创始人宋明佳和张亮都有供职品牌企业的经历，而且对于O2O都有非常深刻的理解，因此叫个外卖的经营宗旨就是要建立本土化的、具有美食级别的快餐体验平台。

由此可见，叫个外卖的经营宗旨是要用美食家的品位，打造快餐食品的平台。同时叫个外卖将娱乐化的经营理念带入O2O营销中，用户可以通过游戏和积分领取心仪的外卖，如此一来，即使“屌丝”也能够享受到“高富帅”的饮食和服务。

对于O2O营销模式来说，叫个外卖最核心的价值就在于，其建立并且运用中央大厨房，打造一系列既干净、健康，又具有美食级别的快餐产品，从根本上解决了三无城市快餐、黑心大米、地沟油等食品安全问题。在保障了都市人健康饮食的基础上，也传递出一个理念：即使吃快餐，也能够吃得“高大上”。

2015年，叫个外卖与国内知名营养师进行深度合作，将所有的食材、重量都进行了可视化的变革，对于使用叫个外卖订餐的用户来说，不仅可以吃到健康、营养、美味的中式快餐，而且还可以看到这些快餐的食材配比，以此确保每一天的膳食搭配均衡。

叫个外卖的O2O营销策略就是要打造“高大上”的中式快餐，让更多的“屌丝”能够享受到更上一层楼的餐饮产品和服务。

实际上，叫个外卖重新定义了 O2O 中的外卖性质，不仅要吃好吃饱吃健康，而且更要吃得上档次，够营养。

从叫个外卖现在的经营状态来看，他们的营销方式是非常正确的，因为叫个外卖如今已经不仅仅是外卖而已。叫个外卖不仅将线上的娱乐资源整合进平台中，而且改善了一般餐饮外卖与用户互动不足的缺点，运用与用户充分的互动关系深入了解用户对于餐饮的需求，并且根据用户的需求进一步完善叫个外卖的运营体系。

现在，叫个外卖的主打产品已经初具规模，既有知名菜，也有家常菜，同时用户可以从客户端上清楚地看到每一盒菜品的重量、主料、配料。如此一来，对于菜品的基本口味在没有吃到之前，用户就有了基本的认同。如果用户自身有忌口，或者有不喜欢吃的东西，还可以及时地选购其他的菜品，防止要了外卖却不愿意吃的现象发生，既能够节约金钱，也能够节省时间和人力。

叫个外卖不仅对规范餐饮外卖市场起到了一定的示范作用，而且带给都市人全新的中式快餐的认识和理念。尤其在 O2O 营销模式中，叫个外卖将线上的订购以及线下的美食享受融合在一起，让现代都市人在吃快餐的时候也能够享受到与吃大餐时一样的食物和服务。

3 旅游：去哪儿，去啊，携程而行

2005 年 5 月创立的去哪儿网，发展到 2015 年不仅已经与 22 家高端酒店集团达成同盟，而且已经成功在纽约证券交易所上市，同时去哪儿网已经成为中文在线旅游网站的佼佼者，为消费者提供多项与旅游相关的线上预订，线下享受的产品和服务。在2011年6月的时候，去哪儿网获得了百度3.06亿美元的战略投资，为今后的发展打下了坚实的基础。

在O2O营销模式中，去哪儿网不仅为中国旅游者提供了更多、更好的旅游选择，同时还凭借着方便快捷和人性化的先进搜索技术，对于线上线下的票务、酒店、度假、签证进行深度的整合，使得去哪儿网的消费者能够用最合理的价格享受到最优秀的旅游咨询和服务。

去哪儿网一方面看准了中国旅游市场的巨大发展潜力，另一方面也选择了准确的时机进入O2O模式中。从以上两个方面来看，去哪儿网抓住了大市场中最难得的机遇，成为国内名列前茅的O2O旅游网之一。准确地说，去哪儿网在线上为旅游者提供准确、及时、深入的旅游咨询，同时将这些服务和信息都延续到线下，使得旅游者不仅能够看到而且更加可以享受到。

运用O2O营销模式，去哪儿网不仅拓展了经营项目，而且加强了自身的优势，使得网站的整体优势不断提高。首先在技术和产品层面上，去哪儿网将自身原本的优势巩固扩大；其次在占有资源上，去哪儿网一手握着备受青睐的旅游行业，一手握着最先进的O2O营销模式，所以去哪儿网的发展才能够顺风顺水，迅速成为中文在线旅游网中的领先者。

在国内旅游业高度发展的今天，去哪儿网已经看到了市场的变革，以及旅游者需求的变化。而根据旅游者对于旅游产品的需求变化，去哪儿网不仅对症下药，而且为旅游者提供更加物美价廉的旅游产品和服务，使得最普通的旅游者也能够享受到五星级的旅游服务。

“去啊”的全称是阿里旅游·去啊，虽然听起来非常简单，却得到了“80后”、“90后”旅游者的喜欢。去啊网从一张机票起家，发展到今天已经对数千家机票代理商、航空公司、旅行社、旅游代理商进行了全面的整合，与此同时，运用整合的资源为旅游者提供一站式的服务，使得旅游者只要在去啊网上定制的旅游行程，不仅可以用最简单的方式，而且不用个人做太多的准备工作。

去啊网依托了全国最具实力的 O2O 网站——淘宝网，不仅在资源上享受淘宝旅游 2400 多家的机票代理商和旅游卖家，而且在经营上也接受淘宝网成熟、先进的 O2O 管理和监督。可以说，阿里旅游·去啊网占据了非常优秀的市场资源，以及最为广泛的消费者。

去啊网的口号是“爱梦想，去旅游”，如此简单却有力度的口号，不仅吸引了有梦想的旅游者，而且也使得沉浸在都市快节奏中不能自拔的都市人看到了旅游所能够带来的希望和乐趣。

同时，阿里旅游·去啊网的产品非常丰富，包括机票、旅游、特色客栈、旅行团购。订购机票的时候可以在最好的航空公司里订购到最便宜的机票，同时还能够用支付宝在线支付，确保账户安全，以及双方的资金安全。

而去啊网在为旅游者量身打造旅游产品的同时，也能够用专业的技术和态度，让旅游者享受到更好的旅游服务。准确地说，无论旅游者需要什么样的旅游产品，阿里旅游·去啊网都可以提供，并且从质量和技术上来说，都是绝对安全而优秀的。

在实际的操作上，去啊网延续了淘宝网的交易程序，不仅支持在线支付，而且必须在买家确认收货之后，系统才会将资金转入卖家的账户里，这样的操作流程在保证资金安全的基础上，也让更多的旅游者可以放心地选购去啊网上的旅游产品。

阿里旅游·去啊网对于入驻的全部商家都有非常严格的条件，以及严密的资质审核制度，这是保证网站质量和旅游者权益最重要的一步。

可以说，国内旅游者知道并且接受从网站上开始旅游，就是从携程旅游网开始的。创立于 1999 年的携程旅游网不仅成功地整合了高科技产业和传统的旅游行业的优秀资源，而且也让国内的旅游者开始了一段与众不同的O2O旅程。

自从2003年携程旅游网在美国纳斯达克成功上市之后，很多国内的消费者才后知后觉地发现，原来携程不仅可以订购机票，而且还能够提供更多与旅游相关的服务项目。

携程旅游网的理念是“取之于社会，用之于社会”，因此它不仅为消费者提供各种旅游产品，而且也最大限度地让利给消费者，使消费者在享受旅途乐趣的同时没有经济方面的后顾之忧。

多年来，携程旅游网始终秉持着“以客户为中心”的经营和营销原则，整个携程的团队不仅在配合上天衣无缝，而且在理念上也是非常的同步，团队中的每一个成员都将敬业、真实、诚信作为自己的座右铭，为团队和消费者创造出最大的价值。

与此同时，携程旅游网并没有躺在过去的功劳簿上沾沾自喜，而是不断地增加新的业务，比如代购高铁票、开通携程信用卡、拓展携程礼品卡的应用范围，等等。

携程旅游网在经历了风风雨雨之后，率先并且非常顺利地进入O2O营销模式，不仅使得线上的产品更加丰富、安全，并且契合消费者的旅游需求，而且使得线下的产品和服务更加到位、及时，所以消费者对携程旅游网的信任度越来越高，对于携程旅游网产品的认知度和认同度都在不断提高。

很显然，旅游的O2O时代已经到来，如果还抱着传统的旅游观念进行经营和营销，那么势必要被大市场所淘汰。而已经进入O2O营销模式中并且获得成功的旅游网，正是我们学习的榜样。

从成功者的身上，我们不仅要学习他们的成功经验，而且也要抓住促使他们成功的机会，而这个机会就是O2O营销模式。

4 社区：到“地球城”找“知心家政”

在“地球城”里，我们究竟可以做什么呢？答案很简单：凡是线下可以在社区中做的事情，在地球城的手机客户端、电脑端、微信端上都可以做，比如家政、缴费、拼车、快递等。同时，地球城还将线上线下一体化，你可以在地球城里与邻居对话，参与社区的建设和服务。简单地说，地球城就是你生活的真实社区，而且功能更加强大。

地球城的创始人吕伟创立地球城的时候，最大的初衷就是要在互联网或者说移动互联网的时代里，让邻里之间找回原本的和睦、亲切的关系，让地球城成为真正的睦邻社区。

用户只需要根据自己的实际情况下载 APP，或者是关注微信端，再或者直接登录电脑端地球城官网，都可以开始从线下到线上的网络社区生活了。有些人或许会不明白，O2O 营销模式不是从线上到线下吗，为什么地球城却反其道而行之呢？

实际上这是一个误会，O2O 是将线上线下的资源、产品、服务等都整合在一起，同时打破网络和现实的界限，使得用户没有线上或者线下的障碍。也就是说，将线上线下打通，在没有任何阻碍和不便的情况下，用户可以无限制地在线上预订，在线下享受。

因此对于地球城来说，不仅为日常的社区生活提供非常多的便利，而且也为新的邻里关系找到了最好的沟通方式。

现代都市的生活节奏都非常快，大多数的都市人都不知道自己的邻居是谁，更不知道所住小区的情况，甚至自己家里出现了问题都不知道究竟要找谁来解决。而地球城就是解决这些问题的，不仅让用户充分深入了解社区的情况，而且还能够不断地拉近邻里之间的关系，使得“远亲不如近邻”的和睦邻里关系重新回到人们的身边。

在地球城里面，用户可以第一时间获得小区里的重要通告，比如何时停水、停电，或者停车费、物业费何时缴纳。而且用户坐在家里就可以叫快递、送水、物业等服务，同时还能够及时了解小区有什么活动，通过活动来了解社区，也了解自己的邻居。

地球城不仅可以方便用户的社区生活，而且也能够让用户更好地融入社区生活，比如：用户可以与邻居拼车，了解哪一个邻居与自己的爱好相同，或者进行闲置物品的置换，寻找家政、家教、保姆等。最重要的是地球城里，用户可以随意与邻里聊天，讨论生活、工作，组织一些户外活动，不仅能够扩大用户的交友圈，而且能够让生活更加丰富多彩。

准确地说，地球城打破了邻里之间的隔膜和坚冰，在方便用户自身生活需求的同时，也使得用户能够展现个人风采，交到更多的朋友，丰富自身的生活。

传统的家政服务市场主要存在以下两个问题：

一是反映在家政服务人员的质量上。大多数传统家政服务中介对家政服务人员把控不严，很多时候只是建立档案，缺少必要的审核及考核程序，导致不少缺乏家政专业知识和资格的人混入队伍，加大了用户选择家政服务人员的风险。

二是反映在对家政服务人员的管理方面。对于传统家政服务中介来说，其对家政服务人员的把控只存在于家政服务人员与用户对接交易的那一瞬，在交易完成之后，家政服务人员与家政中介平台的联系可以说几乎就不存在了。这就导致了两方面的问题：一方面，由于家政中介的约束力不足，因此家政服务人员流动性很大且串单的情况非常普遍；另一方面，家政中介在家政服务人员提供服务的过程中参与性不足，造成无法获得用户的反馈，而对用户而言，服务质量和权益也很难在中介处获得保障。

知心家政根据传统家政市场家政服务人员服务质量及上户服务期间客户和家政服务人员彼此权益的问题，对招聘的家政服务人员进行专业、系统的培训，并且在家政服务人员服务期间，对客户和家政服务人员进行担保，将家政服务真正落地，使客户需求与优质资源形成良性对接。

知心家政是家政行业较早推出针对上门服务的家政服务人员进行 20 项审核和 18 项保障，针对客户进行 6 项审核和 13 项保障的家政 O2O 平台。由于知心家政真正地从客户角度出发，家政服务人员正规、专业，服务规范到位，而受到用户的一致好评，口碑非常好，获得了 2014 年武清优秀企业的光荣称号。“找阿姨到知心，正规、专业、有担保”的口号深入人心。

2014 年知心家政和地球城达成战略合作，充分利用地球城的软硬件优势，知心家政更是如虎添翼，在如何找到知心家政、如何快速找到知心家政的问题上，给了用户一个满意的答案，也标志着知心家政真正使 O2O 模式完成了闭环。

用户可以通过多种线上媒体工具联系到知心家政的在线客服，只要用户输入条件，比如家庭地址、打扫时间段等，在线客服就会推荐 2 名符合条件的家政服务人员，随后这 2 名家政服务人员的姓名、年龄、学历、籍贯、过往经历，以及更多的资料都会显示出来，以供用户进行进一步的选择，然后进入线下服务流程。

知心家政根据客户的需求，把一个客户的家庭服务做到极致。每个环节由专业的家政服务人员去服务，做得更精细化，让客户无后顾之忧。知心家政投入更多的时间和精力致力于让每个家庭都满意，对自己的服务提出更高的要求，携手共同创造和谐家庭、和谐社会作出更大的努力。

5 汽车：摩卡i车，易快修

网上有人在问：“有没有上门修理汽车，给汽车做保养的？哪一家最靠谱啊？”下面的回复中，出现最多的名称就是“摩卡i车”。实际上，摩卡i车的全称是北京摩卡移动汽车技术服务有限公司，是运用O2O营销模式提供上门修车和养护服务的互联网公司。在O2O的汽车领域中，摩卡i车是第一家提出“轻维修，精养护”爱车理念的垂直汽车技术服务公司。

2014年8月，摩卡i车正式成立，同年11月摩卡i车就获得了高达1000万元的融资。摩卡i车在如此短时间内获得高额融资的原因，正是该公司从经营理念到核心优势、团队优势，以及各种服务项目都契合了O2O发展的步伐。摩卡i车成为O2O营销模式中非常典型的成功案例。

摩卡i车的核心理念就是“轻维护，精养护”，让所有的都市有车族都能够用正确的方式对待自己的爱车。同时摩卡i车还将提高修车人的收入和社会地位，作为企业的核心，使得更多的修车人愿意为摩卡i车服务。

与此同时，摩卡i车致力于教会车主们自己解决爱车的问题。因为摩卡i车发现，车辆80%的小毛病车主完全可以自己解决。不仅如此，摩卡i车还传递一种理念——只要日常可以用正确的方式进行养护，就可以让车辆少进修车行和维修站。因此，摩卡 i 车很快就得到了都市有车族的认同和喜爱，同时也为社会打造了一支技术精良、敬业、诚信的修车技师队伍。

摩卡 i 车依托强大的垂直 O2O 营销模式，对于上门维修和养护服务进行垂直运营，同时也致力于解决国内有车族“养车难，养车麻烦”的问题，不仅要做生意，还要教会更多的车主正确地对待自己的爱车。

而摩卡 i 车提供的服务有两大优势，第一个优势是服务：摩卡 i 车不仅提供上门维修和养护服务，而且一切收费项目都明码实价，维修和养护的全过程绝对透明。同时摩卡 i 车的修车技师都是国内同行业首屈一指的，这一点就更增加了摩卡 i 车的魅力。

第二个优势是价格：摩卡 i 车的总体价格比市场上要节省 30%~50%，这不仅把一部分利益让给了用户，而且也让用户用最合理的价格享受最优质的服务。同时摩卡 i 车给广大有车族传递了一个信息，其实维修和养护很简单，也很便宜。

当平台 O2O 营销模式进入瓶颈期之后，垂直 O2O 就成了突破瓶颈的唯一出路。摩卡 i 车就是抓住了这一市场机遇，将一批优秀的互联网人 + 汽车人完美地结合在一起，不仅对国内的汽车修理养护市场起到了一定程度的整合和示范作用，而且也为国内的有车族们提供了正确的养车理念。

在摩卡 i 车获得一系列成功之后，国内的垂直 O2O 营销模式又增加了一个非常经典的成功案例。

如果说摩卡 i 车给予了国内有车族正确的养车方式，那么易快修则给国内有车族提供了一份简单的车生活。车主通过在线平台不仅能够获得汽车养护、周边汽车产品、汽车电子、汽车生活艺术、汽车娱乐等多方面、多层次的汽车生活服务，而且还能够获得全新的车生活理念——如何把一切复杂的、难懂的车辆维修养护知识，变成一份简短的车生活。

可以说，易快修颠覆了修车行业最根深蒂固的模式以及思维方式。真实可靠的服务保障，正是易快修玩转 O2O 营销模式的王牌，同时也是提高用户忠诚度的法宝。

首先，易快修依托强大的 O2O 营销模式，将平台操作变得非常简单、容易。易快修的核心理念是“简单车生活”，因此易快修着力打造的不是一个修车王国，而是有车族最为向往的简单车生活。

其次，易快修拥有强大的专业团队。截至 2014 年，易快修拥有专业服务车 20 多辆，专业服务团队 100 多人，而所有的易快修服务人员都是行业中的精英，同时更是志同道合的合作者。因此易快修的专业团队不仅是高效能的，而且也是完美而独一无二的。

最后，易快修拥有打通线上线下的优势。线上，易快修将复杂的修理养护变得简单，而线下的易快修已经形成了京津冀一体化的服务格局，不仅拥有 10 家合作店，以及 3000 平方米的专业修车场地，而且还拥有 1 家科技先进的汽车生活体验馆。

综合以上的各类优势，易快修不再只是单纯的“修车网”，而是有车族们的“生活网”。对于汽车的一切，在易快修网站上都可以一手掌握，同时易快修所提供的所有服务，对于有车族来说，都是超出意料之外的。在大市场竞争日益激烈的今天，易快修不断提高自身的能力和实力，打造出一家颠覆整个行业的在线养车服务提供商。

从易快修的成功经验中，我们可以得出一个结论：**要想在 O2O 营销模式中获得成功，所传递的理念必须要正确，同时也要具有自身的独特气质**。

从实际操作来看，O2O 的语言就是简单，越是简单的产品，就越容易被更广泛地接纳和喜爱。易快修就是掌握了 O2O 的基因，把复杂变成了简单，同时也将传统的 4S 店的 1.0 模式进化为 O2O 汽车的 2.0 模式。

易快修一方面拥有 O2O 模式中先进的信息技术和二维码技术，同时也支持移动在线支付；另一方面易快修将互联网服务与用户的智能手机结合在一起。从以上两个方面，易快修得到了线上线下的技术支持，以此来增强用户的方便快捷性，并且也使得易快修的整体能力有质的飞跃。

无论是摩卡 i 车，还是易快修，所传递、经营的理念都是一目了然的，而且都抓住了都市有车族概念中的空白点。由此可见，要想玩转 O2O 营销模式，不仅要有整合线上线下资源的能力，而且也要对行业内部进行充分而深入的了解，以便能够建立起真正有效的 O2O 平台。

与此同时，无论是平台 O2O，还是垂直 O2O，经营者都必须要记住：虽然利益很重要，但是诚信才是成功的第一要素。

6 教育：孩子学啥，跟谁学，请他教

对于今天的中国家庭来说，孩子的教育问题绝对是头等大事。很多家长在孩子的早教问题上，总是会不知所措地问同一个问题："我的孩子究竟要学点啥呢？"那么孩子学啥网就是为诸位家长回答这个问题的 O2O 平台。

作为父母，尤其是年轻的父母，面对竞争激烈的社会以及压力巨大的升学率，都希望让自己的孩子能够尽早进入学习的状态中，尽早开发孩子的智力，不愿意让孩子输在起跑线上。而孩子学啥网和其 APP 的主要功能，就是帮助年轻的父母为孩子的早教安排课程和老师，同时提供所在城市最全面、最真实、最有效的早教课程信息，以及父母们应该在孩子接受早教的时候做些什么准备工作。

2014 年 7 月，孩子学啥项目成功地获得数千万元人民币的融资，而融

资之后的孩子学啥不仅提升了团队的整体素质和技术，而且也开拓了更广泛的市场。如今孩子学啥已经拥有了3000名课程顾问、5000名优秀教师，以及1500家资质优异的学习和教育机构。这些资源都是孩子学啥逐步累积而来，更成为孩子学啥今后的发展资源。

与此同时，孩子学啥网开辟了APP，如此一来就更加方便快捷了。而孩子学啥的主要功能也有所增加，不仅在真实详细的实时课表的基础上增加了机构顾问的在线微聊，而且也为家长和老师提供了更加方便快捷、更加近距离的沟通平台。

年轻的父母一方面可以在孩子学啥网和其APP中获得大量完整、真实的早教信息，另一方面还可以与教育专家、课程顾问、授课老师进行面对面、一对一的交流和咨询。以上的两个方面对于年轻的父母来说都是最珍贵、最需要的体验，并且也能够在根本上解决孩子早教的问题。

准确地说，孩子学啥网和其APP站在了早教的最前沿，不仅填补了国内早教网的空白，而且也在一定程度上规范了国内早教市场中的混乱现象。

2014年央广网教育年度盛典上，跟谁学获得最具品牌特色网络教育机构的奖项，而跟谁学的创始人、董事长兼总裁陈向东，在此次教育盛典上，也获得了中国教育行业领袖的奖项。从两项大奖上我们可以看出，跟谁学已经发展成为O2O中，找到好老师的优质教育服务平台。

2014年6月，前新东方执行总裁陈向东带领着顶级互联网精英所组成的团队，创立了“跟谁学”。2015年3月，跟谁学宣布已经成功融资5000万美元，而跟谁学的市值估价约在2.5亿美元。而真正让跟谁学成为如此成功的教育平台的，一方面得益于对O2O营销模式的准确把握，另一方面也得益于精准的愿景和使命，以及正确的价值观。

跟谁学的愿景是做出人人乐用的学习服务平台；而使命则是让教与学更平等、更便捷、更高效。从愿景和使命中，我们可以看到，跟谁学的定位非常明确，就是要给更多的用户建立一个透明、优秀的教育平台，使得更多的人在学习的过程中，不再受到其他因素的影响。

而跟谁学团队的价值观则是用户第一、诚信、简单、极致、创新，有着如此清楚明了价值观的团队一定是最优秀的团队，因此跟谁学能够成为行业中的佼佼者，也就不足为奇了。

跟谁学的经营理念是打造一个关于学习的服务平台，将线下的优质资源进行整合，然后在线上为更多的用户提供优秀、真实、精准的学习工具和增值服务。而跟谁学最能够吸引用户的除了师资力量配比的强大之外，还有就是智能、高效地为用户构建充满活力和健康的教育界的生态圈。

与此同时，跟谁学深入了解每一个用户的需求和偏好，利用 O2O 的海量资源，对用户进行一对一的精准定位和匹配，不仅让用户找到最适合自己的老师，而且也帮助老师最大限度地展示出自身的才华。这就是跟谁学最吸引用户的地方，也是最具有独特魅力的核心价值。

孩子学啥致力于早教 O2O，而跟谁学致力于各类学员的各种学习 O2O，请他教则是免费课外辅导的 O2O 信息服务平台。请他教解决了两大方面的问题：第一个方面的问题是在校学生在课外找不到好的辅导老师；第二个方面的问题则是好的课外辅导老师找不到需要辅导的学生。这两个问题听起来似乎很简单，但是要想彻底解决，做起来就不是那么容易了。

在 O2O 平台上，请他教不仅提供了大量的、专业的课外辅导信息，而且还开创了新的匹配模式，将学生和辅导老师的各方面条件进行精准、高效的匹配，使得学生和辅导老师不需要再彼此了解和适应就可以立刻进入正常的授课状态。

请他教平台对于学生来说，可以根据自身的需求找到某个学科或者类别的老师，并且可以与老师进行一对一的交流互动。同时请他教平台也会时刻关注学生和老师的匹配和沟通过程，起到最大程度的监督、检查作用。

而对于老师来说，不仅可以在请他教平台上找到需要自己的学生，还可以把自身最具有竞争力的学科充分展示出来。如此一来，老师就可以将自身的教育价值最大化，也能够将自己的所学倾囊而出，为更多的学生答疑解惑。

请他教平台具有三个与众不同的O2O特色营销。**第一个特色营销就是O2O模式**。学生和老师都可以在线上下单，并且在线下完成一对一的交易，如此简单完整的程序，不仅免去了第三方手续的麻烦，而且也能够让学生和老师都明明白白消费。

第二个特色营销就是名师推荐。线上的老师经过专业名师的评测，并且有名师进行具体推荐。只有德才兼备的老师，才能够得到名师推荐，经过名师推荐的老师，在学生的眼中才是最有价值的选择。

第三个特色营销就是互评机制和实时订单。由学生来点评老师，也由老师来点评学生，如此良好的互动氛围，一定会创造出非常良好的平台使用环境。而实时订单则能够在实时下单之前，在线上与搜索到的老师进行实时沟通，如此一来，适合的好老师自然就已经在眼前了。

7 美业：美丽加，小美到家

美丽加通过为美容院、养生馆、美发、美甲等美丽店铺提供免费的云管理系统，用手机应用软件、美丽加诚信平台，还有微信公众号进行线上线下的充分互动，不仅帮助美丽店铺打通线上线下，而且也为用户与商户之间提供无障碍的互动沟通。

简单地说，在美丽加的 O2O 平台上，用户可以找到最优秀的美丽店铺，而店铺则可以在线进行宣传和展示，以此来扩展自身的顾客。

美丽加平台支持现代智能手机全部的系统，比如 Android、IOS、PCWeb。如此一来，美丽加的平台和 APP 将会起到各自不同的作用，实现 O2O 营销模式的闭环，使得线上线下一体化的进程进行得更加顺利。

美丽加的核心经营理念就是要帮助传统美业进入 O2O 模式，同时打造互联网为基础的美丽诚信平台。2014 年 9 月，美丽加平台上线，2015 年 2 月美丽加 APP 用户的数量达到 50 多万，2015 年 5 月美丽加推出千店计划，旨在帮助 1000 家美丽店铺实现移动互联网化，顺利进入 O2O 营销模式中。

从美丽加的发展轨迹中，我们可以看到非常完美的 O2O 闭环，从商户到用户，再从用户到商户，美丽加的平台和 APP 完美地呈现出 O2O 闭环状态。

而 2015 年 5 月开始的美丽加千店计划，则是美丽加在线下最大的举措，通过为 1000 家美丽店铺进行补贴、预购、培训等，最终完成这 1000 家美丽店铺的移动互联网化进程，为此美丽加将会投资 5000 万元人民币。

美丽加的主要产品有三个，**第一个是美丽加店铺的云管理系统**。O2O 云管理系统是美丽加自主研发的，整个云管理系统包括六个模块：营业记录、财务管理、员工管理、顾客管理、产品库存、卡项和护理。所有加入美丽加云管理系统的美丽店铺，都能够免费获得在线管理功能，以及 O2O 的解决方案，从此美丽加上的美丽店铺就可以告别传统的手记实物卡的时代了。

第二个主要产品是美丽加的 APP。用户可以在智能手机中下载美丽加的APP，然后就可以查看店铺的具体情况，以及用户对于店铺的在线点评，同时，美丽加的APP还可以实现在线预约、消费查询、美丽秘籍等功能，而美丽圈则能够让用户找到志同道合的美丽朋友。

第三个主要产品是美丽加诚信平台。美丽加要在诚信平台上着力打造六大保障，第一要保障美丽店铺的精品化；第二要保障服务水平的标准化和安全化；第三要保障美丽加用户的专属价格优惠；第四要保障消费透明，拒绝黑账；第五要保障用户在线点评的权利，同时要将店铺的信用等级与用户的点评结合起来；第六要保障消费纠纷，投诉有门。

小美到家是基于位置服务（LBS）的O2O上门美容产品，面对美容行业相对落后的管理，以及比较混乱的现象，小美到家将互联网技术带入传统的美容行业，针对美容行业的痛点，进行全面洗牌和彻底整合。如此一来，不仅形成了一条美容行业优质服务链，而且也让最有需要的用户找到最好的、最专业的美容师。

简单地说，O2O营销模式最大的优势，就是可以让有需求者和提供服务者一对一、面对面，同时O2O平台已经替用户筛选出最佳的提供服务者，让用户直接接受国内最顶尖行业精英的产品和服务。

小美到家就是抓住了O2O营销模式的这一特质，针对美容行业的产品、服务乱象，整合线上线下资源和管理，使得上门美容服务变得简单、快捷、安全、诚信。

2014年12月，小美到家正是上线，发展到今天，小美到家已经拥有9大类20多项美容服务项目，而小美到家的上门美容业务，也以规范化、专业化、低消费的特点赢得了市场，以及广大用户的喜爱和推荐。因此小美到家不仅解决了美容行业信息不正规，供需不平衡的问题，而且也满足了O2O美业服务的进一步发展。

小美到家目前使用的软件版本是Android版和iOS版，新版本的更新时间都是2015年1月份。而小美到家的经营理念是要为女性朋友打造专业的上门美容服务平台，使得女性们再也不用为美容院的资质以及美容的安全担心了。

与小美到家合作的品牌是来自法国的爱琪美（Academie），其不仅历史悠久，而且荣获多项国际大奖，在皮肤护理、皮肤修护、滋养皮肤上都有非常好的国际口碑，同时爱琪美 160 多款产品中都具有高度防敏感的配方，使得肌肤可以由外而内、循序渐进地获得不断的滋养和护理。

小美到家不仅与享有盛誉的国际知名化妆品品牌合作，而且在为用户提供上门美容服务的时候，小美到家做出四项郑重承诺：

第一项承诺：服务保障。如果服务没有达到标准，那么在 24 小时之内全额退款；同时保证没有任何隐性消费和骚扰营销。

第二项承诺：安全隐私。小美到家对用户的个人信息、家庭住址给予绝对的保密，同时小美到家也担保无论用户使用何种交易方式，都是安全无忧的。

第三项承诺：专业正品。小美到家对百余项服务都进行了细节优化，拥有美容行业九大类专业考核指标进行规范，确保上门美容服务的标准化，同时小美到家所提供的护肤品百分之百是顶级美容院线的正品护肤品。

第四项承诺：放心安全。小美到家的美容师全部持健康证上岗，而且美容用品，尤其是亲肤用品保证一客一用，同时上门服务的美容师都经过专业训练，统一配备一次性鞋套和口罩等卫生用品。

由此可见，小美到家完成了线上消费—线下体验—上门美容的 O2O 营销模式。小美到家如今已经有了自建美容团队，而且团队中的美容师都有 5 年以上的专业经验，这就代表着小美到家具备了最雄厚的市场竞争实力。

8 婚嫁：到易结网找 ONLY LOVER

随着都市生活节奏越来越快，为自己筹备一场有规模、有意境的婚礼似乎是越来越难了。经常会有人在网上提问："我要结婚了，谁知道哪一家婚庆公司靠谱呢？"问题下面的回答多种多样，而最满意的回答往往是"到易结网去看一看吧！那里应该有你想要的"。你也许发现了，与朋友、同事聊关于婚礼的事情，易结网已经成为出现频率最高的一个词。

那么易结网究竟是什么呢？打开易结网的网站页面，你就会一目了然了。易结网实际上就是定制婚礼的互动平台，这里有关于婚礼的一切都是非常专业的，同时也能够根据个人的意愿，为你量身打造梦寐以求的婚礼，并且在举行婚礼的全部过程中，易结网都能够有效地进行监督和保障。

易结网在成立之初就是行业内部的佼佼者，因为易结网的管理团队是由中国婚礼行业的资深婚礼顾问以及行业精英所组成。在成立之初就因为管理团队中团员的资深从业经验，以及深厚的行业背景，获得 IDG 千万美元的融资。

而易结网的创办人韩硕，正是婚礼顾问公司美薇亭的创办人，对于婚礼行业有非常深刻而独特的见解，同时对于 O2O 营销模式也非常认同。在易结网的管理团队中，很多成员都曾经供职于阿里巴巴、百度、美团等互联网公司，拥有非常丰富的 O2O 经验。因此从人员配置上来看，易结网集聚了互联网和婚礼双重行业的精英，拥有了打通线上线下通道的经营能力和实力。

在易结网的平台上想要一个完美婚礼的用户，只需要说出你的想法，其他的事情就由易结网帮助你筹备，任何婚礼的细节都能够被易结网一手掌握。

实际上，现在的婚礼行业中有很多优秀的企业，只是作为普通的消费者，我们没有办法具体地调查研究，同时对于行业性、专业性的事情，普通消费者也无法具体掌握。因此就出现了“结婚难，婚礼更难”的情况，使得一些准备结婚的消费者，已经到了“谈婚礼而色变”的程度。

易结网整合线下优秀的婚庆公司，使得需要婚礼的消费者能够通过易结网轻易找到自己需要的婚庆公司，同时也能够让婚庆公司的资源得到最大限度的运用，准确地说，易结网不仅让婚礼变得容易，而且也在一定程度上制约了婚庆行业中的不规范现象。

在易结网人看来，让需要婚礼的用户找到最匹配的婚庆公司，就是他们工作的核心价值，让消费者都能够轻松地拥有自己梦寐以求的婚礼，则是易结网追求并且正在努力实践的企业目标。

因此易结网从线上线下到管理团队，都采用了最为精英的技术和人员，使得易结网整体的实力在O2O婚礼中是最为优势的。

有一种唯美、浪漫的婚纱照，叫作别人的婚纱照。不知道为什么自己的婚纱照怎么看都不满意，思来想去，一定是摄影师不够专业水准。那么现在你应该打开ONLY LOVER网，因为ONLY LOVER网是中国首家互联网婚纱摄影平台，在这里你不仅可以自己选择摄影师，而且还可以享受到不满意全额退款，以及百分之百原创摄影的待遇。

要想让自己的婚纱照成为唯一的，同时又能够不花费过多的金钱和时间，那么ONLY LOVER网绝对是你最好的选择。因为在ONLY LOVER网上，你的婚纱照完全由你自己做主，从摄影师到拍摄地点，从婚纱照的风格到相框的选择，每一个环节都是你自己来选择和决定的。

同时，ONLY LOVER 网对所有的用户承诺，没有任何隐性消费，而且服装不分区，化妆品、配饰、睫毛完全免费试用。在拍摄的过程中，ONLY LOVER 不仅为消费者准备了优质的人员配置，而且也准备了最为先进的装备配置，比如移动换装间等。

在 ONLY LOVER 上定制自己的婚纱照已经成为都市新人类的时尚，在 ONLY LOVER 网上用户可以享受到两大类优惠：

第一类优惠：关于摄影师的优惠。首先，所有的摄影师都是通过严格的入驻标准之后，才成为 ONLY LOVER 的摄影师的；其次，所有摄影师的作品，百分之百都是原创作品，绝对不存在任何抄袭，以及弄虚作假的作品；最后，如果摄影师没有按照约定的时间进行拍摄，那么就要支付一定比例的违约金，因此 ONLY LOVER 上的摄影师不仅专业，而且一定是守时的。

第二类优惠：关于退款和急件的优惠。如果消费者对拍摄不满意，经过核实之后，ONLY LOVER 网会进行全额退款，不让消费者有任何的损失。如果消费者急需照片，那么 ONLY LOVER 网保证消费者可以在 25 天之内拿到照片。

对于习惯了 O2O 营销模式的现代消费者来说，ONLY LOVER 网最大的吸引力就是没有隐性的、强制的消费，包括选片和选相框也都是根据消费者的需要来选择。同时，如果你对拍摄有任何的不满和想法，都可以随时与摄影师沟通，摄影师会站在专业的角度为你提供更加贴心、更加专业的拍摄建议。

在 ONLY LOVER 网上拍摄婚纱照，消费者不再有对消费、摄影师以及成片的疑虑，因为从开始到最后，消费者都是拍摄的主导者，这一点与普通的影楼拍摄是绝对不同的。

与此同时，ONLY LOVER 网不断推陈出新，不仅站在时尚的最前端，而且在与消费者充分互动交流之后，准确地把握了消费者的需求和心理，推出一系列受到各层次消费者喜爱的婚纱照主题，比如真实的瞬间、京城往事、清华园、贵族时代等。每一个婚纱摄影的主题，都对应着一个资深的摄影师，因此从 ONLY LOVER 网站出发的婚纱摄影，从一开始就是与众不同的，那么消费者所得到的婚纱照也一定会是与众不同的。

从易结网到 ONLY LOVER 网，从婚礼到婚纱照，你可以拥有私人定制的尊贵，但是不必花费私人定制的金钱，这就是 O2O 营销模式最有魅力以及最有市场价值的地方，也是大市场最需要的移动互联网营销特质。

9 房产：美澳居，小猪短租，途家网

美澳居是一家海外房产 O2O 平台，它的经营宗旨就是要帮助国内的投资商在海外的房地产市场中找到合适的发展机会，同时也让有移民想法的中国人及时而准确地了解海外的房地产动向，避免出现在海外购房或者投资房地产受骗上当的情况。简单地说，美澳居的主打就是海外的房地产市场的投资、回报，以及市场分析和协助用户办理购房手续。

虽然现在的资讯非常发达，地球早已经成为一个“村子”，但是对于房地产这样大额的投资，国内的投资者还是不敢轻易触碰。但是对于对海外房地产有购买需要的中国人，就非常犯难了，不知道具体的情况，只能够听房产经纪的一面之词，同时也无法掌握任何确切的市场状况，不敢贸

然进行购买，但是不购买又确实有需要。

无论你是想投资海外房地产市场，还是需要在海外购买房产，美澳居可以解决你所有的问题。一方面美澳居为用户提供专业的市场分析报告，同时用最先进的商业模式给予用户最为便利的购房环境，以及高额的投资回报；另一方面美澳居能够协助用户完成投资的决策，以及协同用户办理好购房的一切手续，在此期间，美澳居的服务是从不间断的。

而美澳居平台的核心就是要向购房者和投资者，提供海外房地产市场的真实情况、权威信息，同时也能够让用户在海外房地产中获得高额的投资回报，并且与用户建立长期的共赢关系。

由于美澳居的技术先进，经营和营销方式准确，对于市场的把握也非常到位，所以美澳居在上线的两周时间里，就已经获得了5000万元的融资。美澳居作为国内第一家海外房产O2O平台，颠覆了以往从国内看海外的传统思维方式，切入点改为从海外看国内，如此一来，就避免了很多过于复杂而无用的思维，同时可以准确掌握海外的房地产动向的同时，也能够为国内的投资者和购买者提供更加准确、多视角全方位的海外房地产分析。

美澳居开拓了一块新的蓝海，并定位于海外房产O2O平台，而与美澳居不同的今房秀则是定位于本地房产O2O平台，依然在本地房产红海中搏杀。今房秀能够在这片红海中夺得一块阵地，是真正从用户的痛点出发，致力于帮用户花最省的费用、用最少的精力、以最短的时间买到自己最满意的房屋。

相信有过二手房买卖经历的人，几乎能不约而同地罗列出一堆的问题，比如：

（1）各种分类信息网站上充斥着虚假烦冗的房源信息，既耗时费力也难以辨别真假；

（2）好不容易看上一套价格合理的房子，但因信息缺失，不知是否适合自己；

（3）看房过程只能任由房产经纪人带着瞎跑，有时浪费一天时间也未必看到满意的房子；

（4）一旦和卖房人达成交易，签了合同，交了中介费，就进入漫长的等待期，房产经纪人一点不积极，服务质量大不如前；

（5）交易过程中，出现不少意外，房产经纪人的专业度和用心度有问题，等等。

对于"痛点"问题如此多的二手房市场，究竟怎么解决呢？今房秀团队在经历了两年多的探索后，真正从用户"痛点"出发，一一解决二手房交易中的各种问题。那么，今房秀是如何解决二手房交易中的各种问题的？为什么今房秀的服务能够更胜一筹呢？

第一，100% 真房源 VS 虚假房源。说到真假房源，一定要从房产经纪人说起，房产经纪人需要肩负房源、客源和服务三项任务，其实主要是客源和服务，没有客源就没有服务，没有服务就没有成交，没有成交就没有利润。这就不难理解房产经纪人要在一些分类信息网站上发布虚假房源信息的原因了，当然是为了和其他房产经纪人争抢客户。

而今房秀从每个商圈筛选出一家在房管局有备案的、经营时间在 5 年以上的经纪公司合作，设立服务网点，因为在这个商圈内只有一家服务网点，所以房产经纪人就没有必要发布虚假房源信息诱骗客户了。

而且今房秀线上发布房源均通过自行研发的大数据房源识别系统过滤，同时每套房源又由房源中心电话核实，房产顾问团队线下实勘。不仅如此，为了给用户提供更真实充分的信息，今房秀平台还组建了专业摄影师团队，为每套房子进行实地实拍，登录房产相关资讯信息，从根本上保证用户的选房体验。

第二，真服务 VS 服务质量前后不一。今房秀深知房产经纪人在提升购房成功率和降低风险方面的作用是至关重要的，实践证明专业经纪人的价值是难以被取代的。今房秀为每套房子优选了相关性强、专业程度高和服务质量优的经纪人，以确保客户得到最好的服务。

在提升经纪人专业度上，今房秀也投入了大量精力，一般经纪公司偏重营销策略，而今房秀更注重经纪人对行业知识、物业情况、行业案例的掌握上，这正是经纪人真正创造价值的地方。他们对服务网点的房产经纪人实施严格的服务监管，对关键流程进行电话回访，使用企业内部网监控经纪人分享信息的诚信度，同时引入客户评价系统，每个经纪人的服务历史都被永久记入档案，达到今房秀的要求限度，今房秀将把这个经纪人列入黑名单，永不叙用。在今房秀，只有保持真诚并全情投入服务的经纪人才能服务用户，才能和今房秀共成长。

第三，真效率VS交易效率低效。今房秀的服务网点定期交流、不断研讨探索最合理的购房流程，以及在各环节传递服务的最佳方式。消除低效环节成为平台流程创新的核心思想。低效环节使客户的购房计划被拖延数周甚至数月。

其实交易效率低、进程迟缓，其中不乏源于买方房产知识匮乏、需求不明以及交易环节金融机构少等原因。今房秀数据中心统计了近十年来20000户家庭的购房需求因素，及时协助用户挖掘真实需求，并智能匹配房源。当客户掌握的信息多了，低效的环节自然会消除，客户自行找到合适的房子，而无须等待经纪人的回复，客户只在必要时才去现场看房，不会白跑一趟。今房秀有大量的签约银行等金融机构，减少了审件时间，交易效率自然加快了。

短期来看，做好客户看得见的服务似乎回报更直接，但从长期考虑，只有表里如一地为客户着想才能长足发展。今房秀把很多企业资源用在客户看不见的地方。一个真正从客户的痛点出发，并真正落地执行的平台，才是客户需要的平台。

听到“小猪短租”这个名字的时候，大部分人就已经知道这个O2O平台是做什么的了。但是小猪短租的意义不仅仅在短租房和日租房，在小猪短租上，用户一方面可以分享闲置的房源、房间，另一方面也可以短期出租一些暂时不用的沙发、帐篷等用品。在获得可观利润的同时，也能够交到很多志同道合的朋友。

如果你想要对一座城市进行深入的了解，而不是走马观花，你应该用小猪短租租赁住房，如此一来，你不仅能够认识很多当地的朋友，而且还能够了解当地的风土人情、交通旅游、美食信息等，远远比你在酒店里住着要有趣很多。

2012 年 8 月，小猪短租正式上线，首轮就获得千万美元的投资，现在小猪短租已经在国内 13 个城市中设有分公司，而线上的房源已经覆盖了国内 130 多个城市。

小猪短租是非常典型的 O2O 中的分享经济模式，将用户手里暂时搁置的房产利用起来，不仅能够增加房东的经济收入，也能够满足房客的不同需求。而小猪短租网对于房东和房客都有着多重保障。

首先对于房客，小猪短租保证房源的真实性和安全性，并且与房客签订《房客保障计划》和《房客人身安全保险》，通过形成合同的既定制度，让房客能够住得放心，住得舒心。

其次对于房东，小猪短租为房东提供优质的线上和线下服务，并且与房东签订《个人房东财产保障方案》和《身份验证机制》。对于房东的服务和管理，小猪短租都形成了一系列的制度，并且严格将各项制度执行到位。

小猪短租对于房东和房客的保障，不仅是线上，更是线下，因此小猪短租所搭建的短租平台才能够同时被房东和房客认同并喜爱。如今小猪短租已经成为新型租房市场中的佼佼者，并且打造出一个更具人情味的住宿体验平台。

与小猪短租的平民化不同，途家网是一家高品质的中高端度假公寓

O2O平台。对于中国的酒店和旅游者来说，长期以来没有任何能够进行沟通的平台，旅游者抱怨酒店房间不够，而酒店则为客源发愁。途家网的上线，不仅填补了国内旅游度假公寓的空白，而且也让旅游者能够住进更加舒适、可心的酒店，而不必为旅游途中的住宿发愁。

途家网运用O2O模式在线下整合旅游城市的五星级酒店、度假公寓和别墅，同时在线上开通查询和预订服务，并且在线设置24小时客户服务。将线下、线上、在线三者结合在一起，就是途家网强大的旅游度假公寓资源。

2012年5月，途家网在上线5个月之后，完成了A轮融资，虽然具体的金额途家网并没有向外界公开，但是途家网的强大实力已显端倪。

实际上，途家网就是将旅游城市中分散的酒店、度假村、公寓整合在一起，用O2O营销模式提供给有需要的旅游者，与此同时，途家网24小时的在线热线，使得商户和用户能够进行近距离、及时的沟通。

途家网最大的优势就是价格优势，高端的酒店、公寓、别墅都是价值上百万、上千万的房子，而旅游者每晚只要花费几百元就可以入住，同时还能够享受到车接车送的待遇。

而途家网的优势远远不止这些，成为途家网的用户之后，你会发现其实旅游真的可以很惬意、很舒服。因为途家网在房间里配备了详细的周边服务推荐，以及房间所在地区的衣食住行指南，而且公寓中的设施配套齐全，旅游者可以为自己、家人做一顿大餐，还可以洗干净自己的衣服以便在接下来的旅途中继续穿。

在途家网上消费，你会发现物超所值，因为途家网为旅游者提供专业管家服务，有保姆和家政服务，还有全程的专职司机服务，更有上门的厨师服务。这些服务不仅能够丰富旅游者的旅途生活，而且也能够增值途家网的线下产品。

10　母婴：到贝贝网做“快乐妈咪”

2014 年 4 月，贝贝网正式上线，它的主要目标用户就是中国的妈妈和她们的宝贝。贝贝网整合了线下的童装、童鞋、玩具、母婴用品等品牌产品，在线上为 0~12 岁的儿童，以及生产前后的妈妈们服务。贝贝网的核心经营理念就是，要为中国的妈妈和宝贝打造专属的一站式购物 O2O 平台。

贝贝网打破传统电子商务只卖产品的思维方式，从妈妈们的角度和需求进行思考，提供让妈妈们放心使用的母婴安全产品。从根本上来说，贝贝网就是将妈妈们或者准妈妈们作为服务的目标用户群，让贝贝网成为中国妈妈最信赖的专属购物平台，并且贝贝网愿意成为妈妈们和宝贝们成长道路上的保护网。

在 O2O 营销模式中，贝贝网不仅与好奇、雀巢、迪斯尼、巴拉巴拉、成长伙伴等国内外一线母婴产品进行合作，而且对用户承诺 7 天无理由退货，48 小时限时发货，以及全场商品包邮。对于进驻贝贝网的商家和品牌，贝贝网都进行非常严格的质量检查，同时筛查品牌授权以及供应商证件。为了保证品牌和商品百分之百是正品，贝贝网还在中国人保进行正品承保。

妈妈们在贝贝网上购买商品，不仅能够享受百分之百品牌正品的待遇，而且还可以享受独家折扣、限时抢购等特色服务。与此同时，贝贝网还在不断扩大销售范围，将逐步开放家居、日用等多个妈妈们重点关注的消费领域。

贝贝网的创始团队都是来自于O2O的精英，都有曾经供职阿里巴巴、百度、腾讯等知名互联网企业的经历，因此贝贝网的年销售额才能够达到百亿级别，并且能够两次入选中国创新成长企业100强。正是因为贝贝网线上线下的优质产品和服务，如今已经成为妈妈和准妈妈们网购的首选网站。

以中国的现状来说，大多数妈妈都是第一次为人母，紧张而不知所措是难免的，而对于母婴用品，妈妈和准妈妈们最为担心的就是正品和安全。而国内现在的母婴用品市场还不是非常规范，导致了妈妈们不知道应该选择怎样的商品，以及是否能够放心使用。因此就出现了中国母婴市场没有客源，而海外母婴用品代购却红红火火的畸形市场发展。

贝贝网正是看到了国内母婴用品市场如此不规范的现状，同时也认识到，中国妈妈们的花费远远超过了商品的价值，而且这种消费是难以持久的，也是非常不方便的。

为了让中国的妈妈们拥有更加方便快捷的一站式购物平台，贝贝网不仅最大限度地整合了线下的母婴用品品牌资源，而且为妈妈们构建了一个既方便快捷又物美价廉的母婴用品O2O平台。贝贝网的O2O平台不仅保障了妈妈们和宝贝们的利益、安全，而且也有利于贝贝网上的商家能够盈利，同时建立起良好的商业信誉和诚信。

总而言之，贝贝网不仅填补了O2O营销模式中母婴用品的空白，而且也进一步得到了中国的妈妈和准妈妈们的认同和喜爱，逐步在完成贝贝网自身的企业目标，为中国的妈妈们和宝贝们打造放心、安全、正品的母婴用品一站式购物O2O平台。

与贝贝网不同，快乐妈咪更加注重对母婴智能硬件产品的开发，并且要搭建一个母婴服务的平台。2015年3月，快乐妈咪获得A轮融资5000万元，而这笔融资就是快乐妈咪搭建母婴服务平台的本钱，同时快乐妈咪要用这笔融资做三件事情——第一件事情：推出两款新的硬件产品；第二件事情：为服务平台招聘团队精英；第三件事情：将快乐妈咪作为母婴服务平台推向大市场。

实际上，快乐妈咪是以硬件创业起家，一款智能胎语仪已经使得快乐妈咪名声在外。快乐妈咪胎语仪是一款胎儿记录仪，与一般胎语仪不同，快乐妈咪胎语仪是一款手持智能的终端设备，不仅方便准妈妈们检测胎音，记录胎动，而且还可以帮助准妈妈们绘制胎儿心率曲线，同时永久保持胎音和胎心曲线。

快乐妈咪胎语仪还有录制和混音功能，能够让准妈妈们录制自己的心跳声，让宝贝听到独一无二的催眠曲。对于这一款打破传统、方便快捷的胎语仪，广大妈妈们都非常喜欢，而且也解决了很多过去解决不了的问题。

在进入 O2O 营销模式的市场中赢得生存和发展的权利，原本就不是一件非常容易的事情，快乐妈咪宣布要开放母婴健康服务平台，不仅要整合企业现有的优势产品和资源，为线下的母婴提供最为先进、最为科学的产品和服务，而且也要进一步开发新的产品，使得国内母婴智能用品的市场越来越红火。

现在，快乐妈咪的 APP 已经上线。在快乐妈咪的 APP 中，妈妈们不仅能够完成一个做妈妈的全部心理准备过程，而且也能够保留作为准妈妈对于宝贝的一份爱。试想一下，当妈妈为已经长大的宝贝播放宝贝的胎音时，那么这一刻对于宝贝来说，一定会成为一生当中最重要的时刻之一。

很显然，快乐妈咪知道要想搭建母婴健康服务平台，仅仅依靠一部胎语仪是远远不够的，因此快乐妈咪快速整合了同类型的母婴公司，同时打通线上线下的界限，实现了线上线下一体化。目前，快乐妈咪已经与一些医院妇产科，以及母婴健康机构、月子会所都建立了联系，而这些机构也将会逐步入驻快乐妈咪的APP和网站中。

虽然快乐妈咪以母婴智能硬件产品起家，但是快乐妈咪不唯产品论，不仅开放了更多的线上产品，而且能够让妈妈们更加顺利地运用这些母婴智能硬件产品与自己的宝贝进行更加顺畅的相处。快乐妈咪专注于母婴健康领域，努力打造国内最先进的母婴智能硬件产品购物O2O。

第三章　O2O 布局，先找准自己的位置

对于商家来说，在 O2O 营销模式中为品牌布局，就必须要先知道究竟在为谁服务，以及产品的核心是什么。准确地说，O2O 布局不是简单的营销，而是要让商家明白，自己的准确位置在哪里，这个位置代表了什么，弄清楚这些问题，商家才能够成功转型 O2O。

1 你的 O2O 为谁服务？

目标客户的确定，无论对于传统电商，还是 O2O 商家都是头等大事。如果商家无法确定目标客户，就是不知道在为谁服务。而在 O2O 营销模式中，不解决为谁服务的问题，商家就无法正常经营，同时也无法具备任何竞争的实力。

确定 O2O 为谁服务真的很重要吗？这个问题的答案其实都非常明确，当你的 O2O 进入正式的竞争中，面对大市场和形形色色的消费者，如果你的 O2O 竟然不知道主要服务的客户群，那么接下来你要如何制定经营和营销策略呢？你要如何推动企业发展和壮大呢？简单地说，你的 O2O 为谁服务，那么你的企业就要朝着谁的方向前进。

在实际操作中，商家的服务对象主要分为两大类，第一个大类是商家的目标客户，任何商家都知道，目标客户对于商家就是生存和发展的市场根基，如果对于目标客户的定位不准确，那么商家就会直接面对经营失败的结局。

第二大类是商家的非目标客户，因为非目标客户的人数众多，同时也蕴藏着潜在的目标客户，所以商家对于非目标客户的维护也是非常有必要的。也就是说，商家对于目标客户是要留住和稳定，而对于非目标客户则是要发展和更新。

商家应该清楚，精准地抓住目标客户，才能够在经营和营销上有所建树。

商家在开始经营之初，就应该对目标客户进行精准的定位，因为商家所有的经营方针，以及营销策略都是围绕着目标客户而决定的，所以精准的目标客户的定位，对于商家来说就是正式参与大市场竞争的重要一步。

有些商家认为，“目标客户可以慢慢寻找，不急于一时”，这样的想法是非常不正确的，因为目标客户是商家经营的基础，没有他们，经营和营销就成了“无源之水，无本之木”。

但是在商家经营的每一个阶段，目标客户都会有所变化，同时商家也必须不断扩大和加固目标客户的群体，使得目标客户成为商家相对比较固定的客户群，以此来确保商家的经验利润，以及增强商家的竞争实力。

商家必须明白，目标客户是在不断变化的，因此一成不变的经营模式也会让企业失去目标客户的支持。

俗语说：“这个世界上唯一不变的就是变化。”对于O2O商家来说，目标客户也不是一成不变的，随着商家的不断发展，目标客户也会随之发生变化。面对目标客户的变化，商家也要适度地改变经营和营销策略，如此一来，目标客户和商家经营就形成了良性循环。

在实际的操作中，目标客户一旦确定，则不会有本质的变化，所变化的只是目标客户的人数，以及目标客户的兴趣点和消费心理，所以O2O商家必须随着目标客户的兴趣变化及时地调整经营方针和营销策略。

从目标客户的角度来看，O2O商家如果总是没有新的策略，或者全新的兴趣点，那么目标客户很容易产生审美疲劳，而减少对于O2O商家的关注度。所以，商家对于目标客户最好的维护方案就是要变化，并且每一个变化都能够击中目标客户的心。

商家需要知道，目标客户就是O2O商家最终的商业目标，也是商家明确的发展方向。

实际上，目标客户就是O2O商家的发展目标和方向，O2O商家之所以需要首先确定目标客户，正是因为目标客户能够指引商家进入预定的经营轨道中，避免商家因为激烈的竞争以及种种其他原因，而丢失了发展的方向和最终的目标。

简单地说，目标客户的兴趣点和消费心理、消费习惯，就是O2O商家经营和营销策略的主导，从目标客户的角度出发，O2O商家就可以做到有的放矢，百发百中。

与此同时，为了能够稳定和巩固目标客户群，O2O商家还需要随时跟上大市场的脚步，不仅要及时研发出最新的产品技术，而且还要与目标客户保持紧密的互动。如此一来，商家与目标客户之间的界限就会被打破，并且目标客户也在积极参与商家的经营和营销。

现在O2O成功的商家，无一不是对目标客户的定位非常精准，聚美优品就是要做中国女人专属的化妆品O2O平台；饿了么就是要成为都市白领的营养师；携程旅游网就是要为旅游者打造低价高享受的旅途；贝贝网针对的就是中国的妈妈们和准妈妈们。

每一个成功的O2O商家，不仅知道为谁服务，而且也知道自己的目标客户需要怎样的服务，所以成功的O2O商家才能够锁定自己的目标客户，同时为目标客户提供优质的、不可取代的商品和服务，这才是目标客户的真正含义。

我们从O2O赢家那里学会了一个经营理念：目标客户不仅要明确，而且要进行时时维护，不断地增加服务内容和提高产品质量，才能够牢牢抓住目标客户，也才能够吸引非目标客户的注意力和关注度。

如果你已经是O2O商家了，那么现在你要问一问自己“我的O2O在为谁而服务”？如果你即将成为O2O商家，那么你现在也要问一问自己“我的O2O将要为谁服务”？

看似简单的问题中，蕴含着O2O商家的经营之道以及成功的秘诀。道理非常简单，每一个人都要有明确的目标，才有可能成为成功者，每一个O2O商家，只有知道自己究竟在为谁服务，才能够在竞争激烈的O2O市场中经营出一片属于商家的发展空间。

俗语说“兵马未动，粮草先行”，目标客户就是O2O商家的“粮草”，筹备了足够的“粮草”之后，O2O商家才能够在大市场中赢得这一场O2O大战。

2 O2O营销，互联网思维是关键

所谓的“互联网思维”，就是将思维的基本点放置在互联网、移动互联网、云计算、大数据等科技发展之中，对于市场、客户、产品、商家等需要重新进行思考和审视。

进入O2O营销时代，O2O商家的思维方式必须从传统的思维方式，进化到互联网思维方式，无论是经营还是营销，都必须站在互联网的维度思考问题。准确地说，思维方式决定行为方式，而行为的正确与否，则能够决定商家在O2O市场中的成败。

那么互联网思维与传统思维有什么不同呢?

第一个不同点：思维的基本点不同。

传统思维的立足点是传统社会，思考的方向也是传统的市场经营和竞争。进入O2O时代，传统思维已经不能够满足O2O营销模式的需求，因此O2O商家必须要改变思维方式。而互联网思维的立足点是互联网，思考方向是基于O2O市场的经营策略，然而互联网思维并不局限于互联网，而是对于未来网络形态下的市场和产品进行思考。

第二个不同点：思维的方向不同。

传统思维的方向只是非常简单的目标，以及赢得市场竞争的策略；但是互联网思维的方向是未来的O2O市场、用户、产品等。简单地说，传统思维和互联网思维虽然不是南辕北辙，但也是非常不同的两个领域，而互联网思维更加符合O2O市场的需求，同时成为最根本的商业思维模式。

从O2O的发展来看，互联网思维已经成为主流的商业思维模式，同时互联网就如同道路和电力一样，成为未来社会不可缺少的基本设施。

O2O商家要想从传统思维转变成互联网思维，就必须从五个关键词入手。

第一个关键词：便捷。

O2O商家在经营的过程中，要提供给消费者更加便捷的商品和服务，不仅要比传统方式更加便捷，而且要具备互联网所特有的便捷方式。

因此，在O2O的经营中，商家要给予消费者各种便捷，比如：信息上的便捷，商品使用上的便捷，触点和体验的便捷，等等。O2O商家不仅要在经营上为消费者提供便捷，而且也要让消费者处处都能够体验到各种便捷。

第二个关键词：参与。

在O2O商家的经营过程中，消费者的参与和表达变成了一种可能，同时消费者也会有参与愿望，希望能够真正地参与到商家经营和创建的过程中。因此，商家对于消费者的参与不仅要给予肯定，而且要积极创造条件。

在O2O模式中，消费者是愿意表达和表现自我的，这对于商家来说是非常好的现象，因此商家要善于利用消费者参与和表达的意愿，将消费者与商家有机地结合在一起，同时让消费者成为商家最好的宣传员和检查员，与商家一起成长。

第三个关键词：免费。

O2O模式中最大的特点就是免费，没有任何一个商业模式可以让消费者享受如此之多的免费服务，因此O2O商家需要将免费服务的模式引进到自身的经营策略中，不仅是为了让消费者享受免费的服务，也是为了让商家聚集更多的人气。

消费者会从对待免费服务的态度上，看到O2O商家经营的诚意和信誉。试想一下，如果你是消费者，那么你一定不会信任对于免费服务敷衍了事、马马虎虎的商家。因此，O2O商家要切记，越是免费，越要具有高品质，这样的免费在O2O经营中才具有实际意义。

第四个关键词：数据思维。

大数据时代已经到来，对于O2O商家来说，数据已经成为指导和成就商家经营的关键因素。同时互联网在收集数据、分析数据上，也提供给商家足够的资源，因此商家一定要建立自己的数据库，才能够更好地掌握市场动向。

在实际操作中，数据分析不仅可以帮助O2O商家提高自身的竞争实力，而且也能够为提高消费者的体验满意度而出谋划策。由此可见，数据在O2O商家的经营过程中无所不在，所以数据思维必将成为O2O商家的主导思维模式之一。

第五个关键词：用户体验。

任何商业模式的根本都是用户，如果没有用户，任何商业模式都是纸上谈兵，不具备任何现实意义。因此，O2O商家要格外重视用户体验，不仅要让用户体验满意，而且更要让用户通过体验而爱上商品或者品牌。

在O2O营销中，用户体验是非常独特而必需的营销项目之一，同时也是体现O2O营销与众不同的方式之一。进入O2O时代之后，消费者在精神和物质方面都拥有了前所未有的主动权、选择权。因此消费者的体验满意度越高，那么消费者成为商家的用户的可能性就越大，很显然，任何消费者都不会因为体验不满意而选择商家。

以上关于互联网思维的五个关键词，都是与 O2O 商家息息相关的。因此 O2O 商家不仅要做到这五个关键词，而且更要将这五个关键词融会贯通到日常的经营当中，才能够真正拥有互联网思维，并且在 O2O 大市场当中占据有利地势，扩展自身的业务和目标客户群。

进入 O2O 营销模式，O2O 商家之所以要具有互联网思维，正是因为互联网思维一方面可以提高 O2O 商家的竞争实力，让传统的电商能够更快地适应 O2O 模式；另一方面互联网思维让 O2O 商家能够快速找到经营入口处，与消费者达成一起经营 O2O 的协议。

O2O 时代的互联网思维是一种开放式的民主性思维，消费者不仅仅是消费者，而且更是 O2O 商家的合作者和传播者。因此，O2O 商家与消费者之间不再是单纯的买卖关系，而是全新的平等关系、合作关系。

传统电商要想接受全新的客户关系，是一件非常有难度的事情，因此将思维模式转变为互联网思维，就成为传统电商转型为 O2O 商家的必经之路。

3 从线上到线下，做好产品是核心

在互联网快速发展的今天，传统电子商务已经无法满足消费者的需求，因此 O2O 模式进入了消费者的视线，同时 O2O 在中国的发展历程也翻开了新的篇章。准确地说，中国已经进入了O2O模式，在从线上到线下的过程中，只有好产品才是O2O发展的核心，才是把消费者牢牢吸引在O2O中的根本力量。

对于O2O用户来说，O2O商家在线上所提供的产品和服务，不仅是用户选择商家的基础和标准，而且也是用户评判商家的标准。试想一下，如果你是消费者，那么你最重视、最在意的就是商家的产品，因此产品才是商家的核心竞争力。

那么对于O2O来说，什么才是好产品的标准呢？简单地回答，好产品的标准就是用户的满意度，用户的满意度越高，市场的接受度就越高，那么产品自然就是好产品。而复杂一些回答，就要从分析消费者心理开始，梳理一下消费者之所以会愿意在线上消费，在线下享受产品和服务的根本原因，进而得出O2O好产品的基本标准。

O2O好产品的基本标准之一：商家线上丰富而全面的信息和资讯，能吸引消费者的关注度。

在O2O的营销中，首先吸引消费者关注的是商家在线上的信息和资讯，如果商家不能够让线上的信息和资讯丰富多彩，同时及时更新随时拥有最新的信息和资讯，那么消费者对于商家的关注度会非常低，而且很可能不再看关于商家的信息。

简单地说，商家在线上吸引消费者的最大法宝就是信息和资讯，要想让更多的消费者进入商家，那么就必须要有过硬的信息和资讯，让消费者移不开目光。

O2O好产品不仅能够让商家在线上吸引消费者的关注度，而且还能够让消费者花费更多的时间浏览商家的网页，同时认真阅读商家的各种信息和资讯。准确地说，好的O2O产品能够让商家在线上变得与众不同，而且留给消费者都是非常好的触点。

由此可见，好的O2O产品从线上开始，就已经能够为商家聚拢人气，让更多的消费者愿意进入商家的店铺，同时愿意关注商家的品牌。

O2O 好产品的基本标准之二：商家线上线下的便捷和便宜，能激发消费者的消费欲望。

O2O 产品要保持从线上到线下的一致性，同时也要为消费者打通线上和线下，使得消费者没有任何消费障碍和不适感。如此一来，消费者才能够对商家所提供的便捷感到满意。

与此同时，线上商品的价格一定比线下的价格要便宜，如果商家把线上价格和线下价格"一视同仁"，那么消费者一定不会从线上到线下，而是在线上就终止与商家的交易了。因为在 O2O 中，线上的价格就是最主要的竞争力之一。

O2O 产品在线上线下为消费者提供的便捷和便宜，都能够激发出消费者的消费欲望，进而促使消费者与商家之间达成交易，随后消费者再进行线下的体验和享受。

有些 O2O 产品，只在线上的时候非常便捷和便宜，等到消费者在线下的时候就变得非常烦琐和麻烦，要想体验和享受产品，就必须要消费者付出更多的金钱、时间、精力。对于这样的 O2O 产品，消费者只会上当受骗一次，而且消费者还会将自己上当受骗的经历"分享"给其他消费者，如此一来，这种产品会很快在 O2O 市场中消失。

O2O 好产品的基本标准之三：商家线下的商品和服务，能满足消费者的体验快乐，增加满意度。

消费者从线上交易到线下体验，不仅为了满足自身的消费欲望，而且也是为了更好地了解产品，那么 O2O 产品就必须要抓住消费者的消费心理，使得消费者能够得到最大限度的体验快乐，以及对产品的满足感。

当消费者从线上来到线下的时候，O2O 产品必须要提供在线上所承诺的全部商品和服务，不仅不能够有所减少，而且还需要增加一些免费服务，如此一来，才能够让消费者体验到商家的诚意和诚信。

并不是说商家只要提供免费服务，消费者就能够满意，而是说消费者在线下得到了增值服务，自然会对商家产生信任和好感。

商家一定要切记，增值服务之所以会起作用，正是因为消费者已经体验到了线上所承诺的商品和服务，之后的增值服务才能够增加消费者的满意度。而绝对不是该做的服务没有做好，用额外的服务来凑数，这样凑数的服务，消费者是不会感兴趣的。

O2O好产品的基本标准之四：商家线上线下的渠道和内容，能满足消费者分享和表达的欲望。

O2O商业模式的与众不同之处，就在于消费者和商家都能够及时地表达自己，同时分析自己的体验经历，让其他消费者和商家能够看到。简单地说，在O2O产品中，必须要保证消费者和商家表达自我、分析体验的权利和渠道。

在实际的操作中，O2O商家和消费者之间的界限已经不再分明，而消费者和商家的角色也处于随时互换的状态，因此O2O模式已经成为开放的、覆盖面广阔的互动、交流平台。

好的O2O产品必须要保持商家和消费者互动、交流的及时性和随时性，在O2O的交流平台上，商家和消费者都能够说出自己的体验和感受，同时也能够充分地表达、表现自我。如此一来，商家才能够收集到更多的数据，而消费者也才能够愿意成为商家的义务宣传员。

总而言之，无论在线上还是在线下，商家的根基是消费者，而消费者最关心的就是产品的优劣。所以，在O2O市场中，只有好的产品才能够站稳脚跟，也只有好的产品才是O2O商家经营成功的秘诀。

4 用户为王，加强互动，提升参与感

任何商业模式的根基都是用户，在 O2O 模式中更是如此，可以说 O2O 的用户就是“王者”，主宰着商家的生死大权。因此商家如何维护用户，同时获得用户的满意和认同，就成为每一个 O2O 商家必须要面对的课题。

首先，商家要让用户明白，商家希望与用户互动，而且期望用户能够参与商家的经营。

在 O2O 营销模式中，商家与用户的互动必须要由商家来主导，商家要明确地告诉用户“我想和你交流、沟通”。如此一来，用户才会在受到鼓励之后，愿意与商家进行互动对话。

商家要想激发用户的交流热情，就必须要找到有趣而值得交谈的话题。比如：商家要做营销活动，那么就可以在 O2O 交流平台上提出话题，吸引更多的用户进行讨论，商家则可以从用户的讨论中获得更多的信息和资源，准备一次优秀的营销活动。

当商家打破与用户之间的界限时，就是商家真正地进入 O2O 模式的时候。而商家非常明确的互动态度，也能够在用户的心目中为商家加分，同时商家让用户参与经营，则能够提升用户的参与感，让用户成为商家的好朋友，而不是简单的交易关系。如此一来，用户对于商家的心理状态就会产生完全的变化，不再是“和我没有关系”，而是“和我大有关系”了。

几乎所有的女性都在淘宝网上购买过东西，每一个淘宝店主都是互动的高手，而其中愿意将自己的经营难题与用户讨论的淘宝店主，则是高手中的高手。因为淘宝店主知道，在自己的用户中也许就有经营高手，也许还是大企业的总裁，那么为什么不利用用户资源呢？

充分地利用用户资源，正是淘宝店主成功的秘诀之一。淘宝店主不仅有主动与用户互动对话的习惯，而且还能够用一些小礼物、小奖品打动用户的心，让用户觉得很开心，很暖心。

淘宝店主都明白一个道理，要想让用户与自己进行互动，就必须要提供让用户满意的商品和服务，只有真正把用户当成“王”，才能够留住用户对于商家忠诚的心。

O2O商家从淘宝店主的经验中，应该学会与用户互动的技巧，第一要让用户感受到商家的重视；第二要站在用户的角度考虑问题；第三要与用户做朋友，同时充分尊重用户的话语权。做到以上三点，商家与用户之间的互动就能够更加顺畅而有价值了。

其次，商家要从“高富帅”变成“屌丝”，不在互动中让用户感到压迫感。

传统电商过渡到O2O商家，最不能够适应的就是从“高富帅”变成“屌丝”。在传统电商中，商家与用户之间有着不可逾越的鸿沟，而且商家是主动的，而用户则始终处于被动的位置。简单地说，商家就是“高富帅”，而用户就是“屌丝”。

但是在O2O模式中，商家不能够再做“高富帅”，否则所有的用户都不会买商家的账。O2O商家只有变成与用户一样的“屌丝”，用户才会愿意与商家进行互动对话。

准确地说，O2O商家只有放下身段，放下所谓的商家“架子”，将自己放在与用户平等的位置上，才能够获得用户真诚的互动，同时用户才会愿意参与商家的经营，为商家出谋划策。如果商家还要在 O2O 中继续做“高富帅”，那么在与用户的互动中就会让用户感受到无形的压力，而用户会对这种压力产生抵触心理，进而拒绝或者敷衍与商家的互动对话。

最后，商家必须尊重用户的话语权，不能够只听表扬，而听不得批评。

在 O2O 交流平台上，有些商家只能够听表扬，只要听到一点点的批评声音就会勃然大怒，甚至说出伤害用户自尊的话。对于这样的商家，不仅会受到用户的彻底屏蔽，而且也会受到来自平台的惩罚。

O2O 商家必须要明白，现在是自媒体的时代，人人都有平等的发言权，商家的恶劣表现会让用户在互联网上传播，效果和传播商家的口碑成正比。如果 O2O 商家不能够客观清醒地看待用户的话语权，那么用户就会充分地利用自己的话语权给商家制造足够多的麻烦。因此在 O2O 模式中，商家不仅要尊重用户的话语权，而且还要将“用户为王”的理念贯彻在日常的经营中。

对于用户的批评，O2O 商家要一分为二地看，在做到有则改之无则加勉的同时，也要明白一个道理，如果用户的批评是真诚的，那么就说明用户希望商家能够发展得更好，对于这些有质量、有内容的批评，商家应该“如获至宝”，因为这是商家今后发展的“锦囊妙计”。

O2O 商家之所以要加强与用户之间的互动，正是因为 O2O 的用户也是“藏龙卧虎”的，用户的很多意见和建议不仅能够帮助商家解决目前的难题，而且也能够对商家今后的发展起到推动作用。因此商家在保持与用户互动的同时，也要认真对待用户的意见和建议。

有些商家并不重视与用户的互动，也觉得没有必要让用户参与经营，因此在与用户的互动中，商家表现得很敷衍，对于用户的意见和建议也显得很漠视。长此以往，用户将不再会用真诚的态度与商家进行互动，如果商家主动要求互动，那么用户也会敷衍了事，或者很冷漠地对待商家的互动要求。

简单地说，在互动和参与的过程中，商家的态度决定用户的态度，同时也决定了互动和参与的质量。O2O商家要以用户为根基，始终将用户的利益放在首位，有些商家认为“商人就是为了盈利而来的”或者“商家应该把自己的利益放在第一位”，但是商家会发现，在O2O的经营过程中，传统的商业观念是行不通的，只有及时转化成O2O思维，才能够获得更多的发展空间。

5 体验，拉近消费者与产品之间的距离

O2O商业模式与传统商业模式的最大区别就是体验。因此O2O模式也被称为“体验式消费”。O2O模式的最大特点就是“线上消费，线下体验”，或者“先体验，后消费”。

在实际的操作中，O2O商家必须要逐步完善体验环节，让消费者通过体验拉近与产品之间的距离，也让消费者通过体验而更加确定产品的质量以及商家的信誉和诚意。而在O2O模式中，需要通过消费体验而达到的营销目的有很多，最重要的目的就是要让消费者在充分体验产品的过程中，愿意成为商家的用户，同时愿意成为产品的义务宣传员。

由于体验的重要性，O2O商家需要不断改善和加强产品的体验系统，使得消费者能够从精神和物质两个方面获得双重的满足。

第一，体验情感化，让产品和服务直击消费者的内心。

O2O商家在消费者体验的过程中，必须要时刻观察消费者，目的就是要抓住消费者内心真实的消费需求。因为商家只有足够关注消费者的需求，才能够满足消费者的需求。当消费者对产品和服务产生共鸣的时候，就是体验情感化初见成效的时候。

在O2O的体验中，商家一定要投入情感，只有商家在体验过程中投入足够的情感，消费者才能够从体验中获得心理和产品的双重满足。简单地说，O2O商家的情感投资，不仅可以让消费者转化为用户，而且也能够让产品和服务打动消费者的心。

第二，体验过程化，让消费者从重视产品和服务的结果，进而转化为重视产品和服务的过程。

在体验初期，消费者更加看重的是体验的结果，比如产品是否实用，或者服务是否到位等。而O2O商家要善于引导消费者，让消费者的注意力从体验结果转移到体验过程。

这样做的优势就在于，不仅能够让消费者更加细心、耐心地体验全过程，而且也能够让消费者真正地体验到产品和服务的质量和优势。商家应该让消费者明白，体验过程要比体验结果更加重要。如此一来，O2O商家才能够真正地引导消费者进行体验和消费。

第三，体验互动化，让消费者从纯粹的体验者转变为参与设计和制造的人。

O2O的体验过程不再是单一方向的，而是商家和消费者之间的互动，或者是消费者与消费者之间的互动。这种互动的优势就是能够激发消费者的参与感，让消费者愿意从纯粹的体验者转化为产品和服务的设计、制造的参与者。

当消费者看到由于自己的参与，使得产品和服务更加完善和优秀的时候，消费者会很自然地产生自豪感，同时也对商家产生一定程度的情感，毕竟对于自己的劳动，每一个人都是非常珍惜的。那么从这一次的体验之后，商家在消费者心里就会变得完全不同了。

第四，体验环保化，增强消费者的环保意识，让消费者重视生活质量。

现代消费者的环保意识越来越强，这是因为消费者越来越重视生活质量，所以对于绿色消费的重视程度提高了很多。针对消费者的需求，O2O商家也应该提高产品和服务的环保性能，使得消费者能够体验到绿色的消费和产品。

与此同时，O2O商家还要在体验的过程中，为消费者传递商家的环保理念，同时与消费者进行环保理念的沟通，如此一来，O2O商家可以通过对于环保理念的交流，与消费者之间建立更加紧密的联系。

第五，体验文化性，让消费者觉得在体验的过程中提高了自己的文化修养，扩大了知识面。

现代的消费者越来越重视产品和服务的文化性，尤其在意在O2O体验过程中提高自己的文化修养，以及扩大自身的知识面。简单地说，越有文化性的体验，越能够受到消费者的欢迎和重视。

O2O商家在体验过程中要注意观察消费者，大部分消费者都喜欢接近有文化性的产品和服务，因为有文化性的产品和服务，不仅能够提升消费者自身的文化素质，而且能够让消费者觉得有面子、有价值，值得体验和购买。

第六，体验审美化，给消费者美的概念和享受，让消费者产生美感。

O2O商家一定要将消费者的体验过程变成非常有美感的过程，不仅让消费者充分体验到产品和服务的美感，而且也要让消费者体验到O2O商家的审美理念。如此一来，消费者的体验就会变成一次对于美的欣赏过程。

O2O商家要懂得将自身的产品和服务变成美的享受，一方面可以迎合消费者追求消费美感的心理需求，另一方面也可以创造出基于美感的O2O商机。O2O商家需要根据产品和服务的特点，为参与体验的消费者制造出只属于消费者的体验美感。

第七，体验个性化，充分体现消费者的个体特点，突出消费者的个人色彩。

对于传统电商中的标准化产品和服务，消费者已经忍无可忍了。因此O2O 商家在体验的过程中，需要在让消费者体验产品和服务个性化的同时，为消费者创造突出自身个性色彩的机会。

现代消费者追求的就是与众不同，就是要从人群中跳出来。因此如果体验的过程让消费者觉得千篇一律，没有任何新意，那么消费者对这样的体验是不会感兴趣的。只有当 O2O 商家让消费者认识到体验的与众不同，以及产品和服务为消费者量身打造的个性色彩时，消费者的购物欲望才能够被激发出来。

O2O 商家必须对体验的过程进行反复的设计和完善，通过体验，不仅让消费者对产品和服务产生购买的欲望，而且还要让消费者对 O2O 商家产生极大的好感和兴趣。

6 传统企业转型 O2O 的三个“大坑”

提到传统企业转型 O2O，会有很多的传统企业叫苦不迭，有些转型失败的传统企业，甚至认为 O2O 就是一个骗局。但是在不断创造奇迹的O2O 中，却走出了很多的知名企业，比如小米、阿里巴巴、聚美优品、易结网等。面对这些由 O2O 创造的奇迹，再顽固的传统企业也没有办法再说“O2O 就是一个骗局”了。

能够证明O2O不是骗局的企业有很多，最为突出的企业就是小米公司。小米公司只用了两年多的时间就占领了一个市场，颠覆了一个行业。小米公司用最短的时间、最小的代价成为国内手机行业中的第一，这就是传统企业和O2O模式的最大不同。

而从传统企业转型O2O的失败案例就是诺基亚。诺基亚的衰落只有短短的四年，在四年的时间里，诺基亚的市值就蒸发了千亿美元，而诺基亚依然没有认清市场的真相，导致最终在转型O2O过程中惨败。

从这两个案例中我们可以知道，不是任何传统企业都能够成功转型O2O模式的，可以说在传统企业转型O2O的过程中，绝对是“一着不慎，满盘皆输”。因为虽然O2O模式绝对不是一个骗局，但是在O2O模式中处处都有“坑”，传统企业一旦不慎，就会掉入“坑”中。

在传统企业转型O2O的过程中，主要有三个大坑，传统企业对于这三个大坑一定要绕道而行，慎之又慎。

第一个大坑：找不到消费者的需求点。

传统企业不熟悉O2O模式，只是一味地向O2O模式中塞入多种产品，也不做数据收集和消费者调查。传统企业在互联网上使用传统的“点对面”营销模式，不与消费者进行有效的互动，也不在乎消费者的需求点，如此一来，再多的产品都是枉然，因为没有一款产品能够打到消费者的“痛点”。

所谓“痛点”就是消费者的需求点。大部分转型中的传统企业，在打不到消费者的“痛点”之后，不仅不作任何营销上的调整，反而将产品和服务“架起来”了，让消费者对于产品和服务更加敬而远之。

道理非常简单，传统企业要想成功转型O2O，就必须要遵守O2O的经营理念以及营销规则。刚开始的时候找不到消费者的需求点不要紧，重要的是传统企业要及时调整自己的经营状态，竭尽全力找到消费者的需求点。

由此可见，传统企业转型 O2O 的时候，不需要将自己的产品和服务“架起来”，而是需要将企业的产品和服务“降下来”，在 O2O 商业模式中，越接地气的企业和产品，越能够被大多数消费者所接受。

第二个大坑：没有能够真正打动消费者的产品。

传统企业在转型的过程中，一旦遇到困境就很容易放弃，简单地说，就是“新瓶装旧酒，治标不治本”。传统企业总是在抱怨，互联网这里也不适应，那里也不适应，所以企业才会转型失败。还有的传统企业美其名曰“保持企业的精神”，实际上就是对现状无能为力的说辞而已。

要想成功转型 O2O，传统企业必须要拿出过硬的产品，也就是真正能够打动消费者的产品。在 O2O 商业模式中，如果企业没有一款能够让消费者“尖叫”的产品，那么企业就无法在 O2O 中立足。

O2O 商业模式不是包治百病的灵丹妙药，传统企业在转型 O2O 的时候，要抱着“不成功便成仁”的决绝心态，同时要具备“自杀重生”的勇气，才能够将传统企业成功地转型为 O2O 企业。

有些传统企业不相信转型 O2O 有如此的难度，而且对于 O2O 商业模式还有所保留和观望，这些传统企业是非常短视的，因为 O2O 商业模式对传统企业的颠覆，已经不再是所谓的趋势，而是不可争辩的事实。由此可见，传统企业不要再找任何理由，拿出能够让消费者“尖叫”的产品，在 O2O 商业模式中占有一席之地，才是真正企业经营的道理。

第三个大坑：误将 O2O 当工具，而不是作为商业模式经营。

很多传统企业现在正在用互联网做传统经营，因此经营的成本上去了，但是产品的销量却下来了。这些传统企业都将 O2O 当成了工具，而不是将 O2O 作为商业模式进行深入的经营。也就是说，有些传统企业喊着

“转型”的口号，而根本没有将“转型”提到经营日程上来。

这些传统企业只是建立了网站，将企业产品一股脑地都放在企业的网站上，如此这样，就是已经完成了传统企业的O2O商业模式转型。这样做的传统企业不在少数，而且还有传统企业在继续这样做。企业应该认识到O2O不是工具，而是现代化的商业模式，那些将O2O当成工具的企业，都将会受到大市场最严厉的惩罚。

实际上，参考一下转型O2O成功的传统企业就会明白，O2O对于传统企业不是陷阱不是坑，而是一次前所未有的发展机遇。O2O商业模式提供给企业的发展空间以及发展未来都是无限的，而且当传统企业成功转型O2O商业模式之后，就会感受到完全不同的经营环境，企业才会真正地体会到，O2O商业模式不仅不是骗局，而且是企业的一片全新的天地。

总而言之，传统企业转型O2O商业模式的过程是艰难的，面对的困难也是多种多样的，但是传统企业要想继续生存和发展，就必须要坚持转型O2O商业模式。因为唯有如此，传统企业才能够走出旧的经营困境，进入O2O快速发展的快车道中，跟上时代发展的脚步，成为时代中最具有竞争实力的O2O企业。

以上所说的传统企业转型O2O模式的三个大坑，都是从实践中得到的经验教训，传统企业在转型的过程中应该避开以上三个大坑，同时进行成功的转型。

第四章　产品过硬，才能立足于 O2O 江湖

在 O2O 的江湖中，唯一能够立于不败之地的只有过硬的产品。如果产品没有好的设计，那么在 O2O 中是根本无法生存的。O2O 要求产品不仅有优秀的质量和完善的制度，以及完美的服务系统，而且还要求产品能够不断推陈出新，适应大市场的需求。由此可见，O2O 中的产品不仅要有外在和内在，而且更要有核心理念和价值观。

1 什么是好的 O2O 产品设计

O2O 营销模式不是万能的，凡是在 O2O 中能够获得成功的商家，都是具备好的 O2O 产品设计的商家。同时，在设计 O2O 产品的时候，商家必须具备对于市场的准确把握，以及足够带领产品突出重围的创新能力。

准确地说，要想设计好 O2O 产品，商家就必须有不断变革的实力和能力，以及先于市场开拓的胆识和魄力。那么究竟什么才是好的 O2O 产品设计呢？

首先，要领先于其他的 O2O 产品设计，不跟随、不从众。

任何 O2O 产品都会有一些同类型的成功产品，商家可以研究这些成功产品的经验、教训，但是不能够抄袭或者跟随。因为好的 O2O 产品必须要具备颠覆性的关键设计，不仅不能够与其他同类型产品一样，而且要有只属于自身的个性设计。

好的设计从根本上来说，就是理念和想象力的有形化，因此商家在设计 O2O 产品的时候，一定要在核心理念中寻找可用的灵感，同时也要大胆地为实现想象力而付出一定的代价。唯有如此，商家的 O2O 产品才能够真正地在行业中领先其他同类型的产品。

实际上，O2O 从来都不拒绝有想象力、有梦想的设计，尤其是这些设计都源自于对于市场的把握，而那些刚刚萌芽的科技，更是能够颠覆一个完整的O2O商家。而这种颠覆就是变革，没有变革就没有O2O，因此跟随和从众绝对不是O2O产品的属性。

其次，要注重细节的设计，让用户能够有最为愉快的产品体验。

O2O产品设计的细节不仅能够决定成败，而且也能够充分地展现出产品的精致、精细。准确地说，产品的设计细节就是一切，不仅是产品概念和内部设计，同时也包括产品的每一个零件，每一个功能，每一家供应商和销售商，这一切的细节，才是产品设计真正的核心内容。

乔布斯在产品设计上是一个天才，同时他也是一名非常较真的细节主义者。有时候，乔布斯为了设计一个图标，能够在办公室里连续工作数小时，就是为了让苹果产品能够精益求精，成为无懈可击的完美产品。

乔布斯的细节主义不仅表现在产品设计上，而且也表现在销售产品上，他最引以为傲的就是"我最擅长的就是召集一群有才能的人，与他们共事"。这些有才能的人与乔布斯一样，都是细节主义者，所以苹果公司的产品才能够在O2O中拥有绝对的领先地位。

苹果公司的产品早已经家喻户晓，同时在O2O中享有很高的声誉，对于消费者来说，苹果公司的手机、电脑、平板电脑不仅是质量的保证，更是身份地位的象征，有很多年轻人最希望得到的礼物就是苹果公司的产品。由此可见，要想拥有与苹果公司一样的成就，你首先要成为与乔布斯一样的细节主义者。

再次，要有更多的自我评判，让自己使用舒适才能够让用户喜爱。

有一句话是这样说的，"真正好的文艺作品，都是先感动作者自己，才能够真正地感动观众"。同样的道理，好的O2O产品设计，也必须是设计者自己用着舒适、方便，才能够最终得到用户的喜爱。

因此设计者对于所设计的产品，需要有一定程度的评判，不仅从使用的角度进行评判，而且也要从市场和产品的角度进行考量。只有如此设计出来的产品，才能够在 O2O 市场中立足，同时获得大量的客户和发展机遇。

实际上，设计者对于产品设计的自我评判是非常重要的，如果设计者对于自己设计的产品都没有任何信息，那么可想而知，这个产品的市场前景是非常暗淡的。因此好的设计师都有对于设计产品的基本判断，以及市场前景的初步分析，如此一来，好的 O2O 产品设计才能够被设计者充分地体现出来。

最后，产品设计需要随时变革，不能够过于陈腐，裹足不前。

O2O 是最新的互联网营销模式，因此在 O2O 中销售的产品，也必须是最为先进，同时也是最有创新的产品。有些商家因为种种原因，总是对于 O2O 产品的设计有着诸多的条条框框，不仅无法给予设计师充分的想象自由，而且还要用传统产品设计的规则限制 O2O 产品设计的发展。

从 O2O 模式的本质来说，没有变革的产品设计，完全没有任何赢得市场的机会。通俗地说，O2O 市场拼的就是变革和创新，而一款毫无个性和创新的产品，在 O2O 的江湖中会被瞬间抛开，随后不知所踪。

由此可见，在 O2O 市场中，没有一些打破常规的勇气，以及一些实现梦想就必须要付出代价的决心，根本就无法生存。同时对于 O2O 产品设计而言，要做好不走寻常路的准备，同时也要有接受各种质疑的能力。

简单地说，不要因为其他人的怀疑就放弃好的设计理念，也不要因为所谓的正确方向而放弃前行的脚步，因为好的产品设计总是会伴随一些变革而来，而变革在最开始的阶段中，总是不被承认的。

但是，如果你想要坚持自己的设计理念，那么你就必须要有足够的市场和行业数据作为支持，因为任何变革都不是凭空而来的，而没有根据的变革往往会毁掉一个非常有前途、有潜力的品牌产品。

从苹果公司乔布斯的身上，我们看到了梦想和变革的力量，因为苹果公司的产品已经颠覆了我们太多的固有思维，也让我们固执的头脑里开始相信，这个世界真的是一切皆有可能。苹果公司的产品就是一个好的O2O产品设计的标杆和标准。

由此可见，商家为了获得好的O2O产品设计，不仅要与市场紧密联系，而且更要能够体验用户的消费心理和消费期待。因为满足用户消费期待的产品设计，永远都会受到欢迎，而如果商家能够提高产品的设计水准，那么在超出用户期待的部分中，商家可以得到更多的来自于用户和市场的回馈和惊喜。

综上所述，真正好的O2O产品设计是有灵魂的，不仅可以让用户超越想象，而且能够带领商家进入一个全新的O2O发展阶段。

2 O2O产品设计有哪些要求?

在O2O营销模式中，对于产品会有一些与众不同的设计，这是因为O2O产品不仅要符合线上的操作要求，也必须要符合线下的销售规律。所以，O2O产品的设计不仅要突出产品的优势，而且还要有激发消费者购买欲望的作用。

O2O对于产品设计的要求是多种多样的，每一种O2O产品所处的环境不同、商家不同，那么所面对的设计要求也是不同的。但是处于 O2O 大环境之下，有一些对于产品设计的要求是不变的，也是 O2O 产品必须要具备的。

对于 O2O 产品设计的第一个要求是简单，一目了然。

互联网时代是一个快速的时代，如果 O2O 产品设计过于复杂，不能让消费者一目了然，那么大部分消费者就会选择放弃解读和了解产品。因此，对于 O2O 产品设计的首要要求就是简单，让消费者能够一眼就对产品产生兴趣，而且可以在三步之内学会使用产品。

实际上，设计 O2O 产品就是要让消费者不用选择就愿意使用产品，因为产品的简单、易操作性，让消费者愿意试一试。如果 O2O 产品设计繁杂，还涉及很多艰涩难懂的词汇和操作，那么消费者会将产品一掠而过，不会研究更不会使用。

道理其实非常简单，没有任何消费者愿意在 O2O 上使用复杂的产品，因此越是简单的产品设计，就会越受到欢迎。试想一下，如果你是消费者，一款设计简单实用的 O2O 产品，与一款设计复杂、操作烦琐的 O2O 产品，你会选择使用哪一款呢？大部分消费者都会选择前者。

对于 O2O 产品设计的第二个要求是准确，与需求契合。

任何 O2O 产品设计都需要从市场中获得灵感，而有些设计者不仅无视市场的规律，反而还认为市场太庸俗，消费者不懂得他的设计。这样的设计者是非常愚蠢的，因为 O2O 产品设计的好坏只能够由市场和消费者来评判，如果设计者无法准确地掌握市场，也无法契合消费者的需求，那么任何设计都是失败的设计。

有些 O2O 产品的设计不是最好的，却是最能够获得市场认同以及消费者喜欢的，归根结底只有一个原因：设计抓住了市场的脉络，也抓牢了消费者的期望和需求。

设计者必须要学会从消费者的角度思考问题，才能够知道消费者对于产品的期望和需求。如果设计者只是在闭门造车，那么结果只能够是“费力不讨好”，不仅无法获得市场和消费者的认同，而且也无法获得产品商家的认同。

对于O2O产品设计的第三个要求是细节，放在心上。

苹果公司的乔布斯曾经说过：“我们不会因为柜子有一面是靠墙的，就用一块最差的木板设计靠墙的一面，我们依然会用同样精致的木板，打造外观和品质上的最大一致。”

由此可见，产品设计的细节化以及精致化对于O2O产品来说，不仅是成就产品的一项非常重要的因素，而且也是体现商家品质的重要因素。简单地说，要想从竞争激烈的大市场中脱颖而出，成为O2O中的佼佼者，产品设计就必须要精益求精，任何细节都能够决定产品的成败。

对于成功的O2O产品设计来说，市场、消费者、期望、需求等与产品所相关的一切，都必须要放在心上，融合进产品的设计当中。如此一来，产品的设计才能够具有启动O2O市场，以及为商家招揽用户的作用，否则，产品设计很可能就成为商家失败的重要原因之一。

因此，要让O2O产品设计的每一个细节都能够从“心”出发，在满足消费者最初的需求之后，也能够适度提高消费者的期望，为商家下一步的营销做好产品上的准备。

对于O2O产品设计的第四个要求是革新，创新品位。

O2O时代中，每一天都充满了竞争与变革，可以说没有变革的O2O产品，就是即将要被淘汰的产品。那么要想让产品在O2O中成为众人追捧的品牌，就必须要在产品设计中融入大量的创新元素，使得产品能够引导全新的O2O品位。

O2O给了很多有梦想的品牌一个实现梦想的机会，无论对于产品的设计在传统的营销模式中有多么不靠谱，只要产品设计能够被市场和消费者所接纳、认同和喜爱，那么品牌不仅可以在O2O中收获信誉和经济利益，而且也能够成为O2O中引导品位、创新品位的领先品牌。

众所周知，O2O产品设计要想革新、创新并不是一件容易的事情，但是商家必须要看到困难之下充满了商机。如果产品设计可以颠覆一些固有的观念和习惯，那么对于商家今后的发展将会起到非常大的推动作用。同时，品牌如果可以引导消费者的品位，那么品牌也将会在消费者心里具有不可撼动的地位。

综上所述，对于O2O产品设计的要求，一方面需要注重产品本身的优势，将产品全面地展现在消费者的面前，并且获得市场和消费者的初步认同；另一方面要从“心”出发，将商家的经营理念、核心价值观都融入产品的设计中，以求能够让消费者看到商家的诚意，并在消费者心目中树立属于品牌的正面积极的产品形象。

O2O垂直营销的聚美优品，作为化妆品零售在O2O中的领先者，从设计产品的时候就善用了一个“真”字——聚美优品保证没有假货，所有化妆品都是品牌正品。

很多消费者对于聚美优品的广告一定是记忆犹新的，广告的创意来自于“说谎被雷劈”的古老寓言，那么负责聚美优品的快递员说出“真的”两个字时，并没有出现广告刚开始被雷劈到的惨况，而且雷神也在天上说，“总算有一个不说谎的了”。观众在会心一笑的同时，也就记住了不说谎的聚美优品。

广告也是产品设计的一个组成部分，在O2O营销模式当中，依然占据着非常重要的位置，因此商家在O2O运营的同时，也千万不可以忽视广告的功效和传播力。O2O产品设计需要多元化、全方位，才能够达到市场和消费者的要求。

3 O2O 产品设计中的互动

最简单的 O2O 互动

在 O2O 营销模式中，最简单的 O2O 互动是从第一个 O（Online）开始，消费者在线上搜索需要的商品信息，然后过滤不需要的信息，留下需要的信息，最终获得想要的商品、优惠券、代金券。接下来消费者将从线上获得的商品、服务的电子凭证转移至线下，进而在线下享受实体店、商品、服务，这是 O2O 互动的最后一个 O（Offline）。

在最简单的 O2O 互动过程中，消费者从线上获取的商品信息、服务，需要转变为线下的实体商品、服务，这就是 O2O 产品设计的第一个要点。简单地说，线上转线下的过程需要简单、方便，无论是通过网站还是 APP，商机都必须让消费者利用现有资源就可以实现线上线下的转换。

比如：有些网站和 APP 在线上转线下的时候，需要重新注册、登录，或者需要下载全新的 APP，这些 O2O 产品设计都会让消费者敬而远之，放弃对商家和产品的关注和使用。这样的 O2O 产品设计就是“反人类”的。

通过最简单的 O2O 互动，我们还要注意一个重要环节的设计：线下的商户要对线上的商品进行更新，同时商品的更新必须及时，否则就会影响商家的经营和获利，而让商户及时更新线上商品的 O2O 产品设计，直接关系到商户的利益以及平台的信誉。

比如：有些网站和 APP 可以将商户的同步更新送到消费者眼前，使得商户与消费者能够进行毫无障碍的零距离互动交流。这样的产品设计既能够满足商户和用户之间的沟通需求，又可以让商户获得更多的利润以及发展的空间，没有商户会拒绝能够为自己带来利润的平台。

在最简单的 O2O 互动中，还有一个非常关键的产品设计，这就是线上的渠道如何确定线下商户的订单交易情况。通俗地说，消费者在线上向商户预订服务，或者完成商品的交易，那么转回线下的时候，消费者要如何向商户证明线上的交易，而商户又要如何确定消费者线上的交易，这是 O2O 产品设计的要点之一。

如果 O2O 产品设计无法让线上交易和线下兑现成为一对一、点对点的配置，那么消费者在线上的交易就无法得到保证和安全，同时商户也会被拖累无法获得应该得到的利润和客户。如此一来，这样的一款 O2O 产品，无论对商户还是用户，都不具备吸引力，同时对于 O2O 平台来说，也不具备任何的竞争实力。

由此可见，设计 O2O 产品的第一要素就是要保证最简单 O2O 互动的流程顺畅，线上线下之间没有任何不必要的障碍，从 O2O 产品设计上来说，要尽量在简化流程的同时，保证使用产品的商户和用户的交易安全。

假如 O2O 的产品设计无法保证最简单的 O2O 互动，那么消费者就会在比较繁杂的环节上放弃使用产品，而商户也会因为无法聚拢资金，以及无法与用户进行及时的沟通，而放弃使用产品。在失去了商户和用户之后，这款产品就已经被 O2O 模式所淘汰了。

淘宝网刚刚上线的时候，很多消费者都不喜欢。因为不习惯在互联网上完成交易，甚至用虚拟模式付给对方款项：一方面是没有用过这样的 O2O 产品，觉得心里没底；另一方面是不放心产品的安全性。

但是，淘宝网用实际的产品说话，让更多的消费者逐渐喜欢上淘宝网，而且对于淘宝网的一切产品都是接受的，比如淘宝APP、天猫商城、支付宝等。

其实原因非常简单，因为商户和用户在淘宝网上可以进行最简单的O2O互动，同时淘宝网还在不断地改进产品，使得商户和用户可以用最简单、最安全的方式完成所有的交易，而且商户还可以在淘宝网上获得可观的利润和最广泛的消费者，同时也使得消费者相信，“只有你想不到，没有淘宝网做不到”。

从O2O产品的设计上来说，确保最简单的O2O互动能够顺畅地进行，并且将线上线下形成一个完整的闭环，使得商户和用户都能够无障碍、零距离地在这个O2O的闭环中进行任何形式的互动和交易。如此一来，最简单的O2O互动就可以在产品设计中得到最好的体现，同时产品设计也能够满足O2O的操作。

随着中国O2O市场的快速发展，对于O2O产品的设计要求越来越严格，同时也越来越要求简单化、细节化。因此在O2O模式中对商品进行操作的时候，商户也要注意结合自身条件创新。最近有一款简单的O2O互动产品出自麦当劳在天猫的旗舰店，由于麦当劳线上和线下的商品价格没有浮动，因此麦当劳用一种叫作“传递心意密码”的方式来吸引消费者。

所谓“传递心意密码”，就是将麦当劳的商品换一种方式，以此来表达朋友之间的心意，比如“巨无霸”就是“最佳靠山”，让朋友立刻就知道你的心意。这样的产品设计既简单又不会给商户和用户造成不必要的麻烦，因此麦当劳的“传递心意密码”产品受到了很多“80后”、“90后”消费者的喜爱。

由此可见，O2O产品设计不仅要简单易学，而且更要符合消费者的情绪和感情。在实际的操作中，商品价格是消费者选择的原因之一，但绝对不是主要的原因，而产品设计中的简单互动，以及能够让用户感受到商户的诚意，并且能够让用户直接表达自身的情感，这些因素才是用户决定是否购买或者使用产品的重要原因之一。

进入 O2O 时代，每一个商家都可以创造属于自己的最简单 O2O 互动模式，在实际的操作中，最简单 O2O 互动模式有一个非常重要的特征——线上线下形成闭环。如果设计 O2O 产品的时候，不能够让最简单 O2O 互动形成闭环，那么进行线上线下转换的时候，就会出现断点和空白，而且这些断点和空白就是互动中的障碍，也是渠道中没有被打通的环节，这些断点和空白会直接影响商户和用户，不仅影响互动，而且也影响产品的正常运营。

因此，产品设计能够形成闭环，才是检验产品设计的最严格标准。

内容和渠道碎片化的 O2O 互动

在 O2O 模式中，内容和渠道在本质上是统一的，都是以互联网为基础的生活服务类电子商务，只是多了手机客户端的运用，很多的传统商家都是以移动互联网的形式，加入到 O2O 模式当中的。但是在 O2O 的互动中，真正关键点在于内容和渠道的碎片化。

所谓碎片化，可以理解为一种特殊的多元化，现在的中国不仅在很多领域都存在碎片化，而且碎片化还有继续发展的趋势。碎片化的英文是 Fragmentation，原意是完整的东西碎成很多的零散块。因此 O2O 模式中内容和渠道的碎片化，也可以理解为内容和渠道的多元化。

O2O 互动中，内容和渠道的碎片化主要原因是线上线下的传播方式不完全相同，而且现代消费者所能够接触到的线上资讯和线下的营销方式也是多种多样的，比如：同一个商家的同一个活动，消费者既可以从线上获得优惠券，也可以在线下得到活动的消息和体验，同时还可以通过PC和APP直接进入商家的营销渠道中，并且也可以直接到实体店中享受商品和服务。

简而言之，一个内容有多种获得渠道，一个渠道也会有很多不同的内容，这就是所谓的碎片化。

在O2O产品中设计内容和渠道的碎片化互动，一方面需要将内容多元化，使得线上线下的消费者都能够及时获得内容，同时同样的内容也需要有不同的表述，以此来吸引不同层次、年龄的消费者；另一方面需要把渠道多元化，利用一切可以利用的渠道，使得内容得以完全而迅速地传播，并且同一个渠道需要有不同的传播方式，使得渠道得到充分的运用。

由此可见，在设计O2O产品的时候，要想达到在O2O互动中内容和渠道的碎片化，就必须使得O2O产品具有以下三个功能：

第一个功能：让消费者随时随地都能够通过不同渠道了解内容，同时愿意参与实体体验。

对于商家来说，最重要的不是消费者通过何种渠道得到内容，而是消费者能不能够及时地得到内容，尤其对于目标客户而言更是如此。如果消费者不能够及时得到内容，那么再多的渠道都是没有任何意义的。因此在O2O产品的设计中，要保证消费者和商家随时都处于互相连通的状态，同时可以不受限制地彼此沟通。

无论商家在营销过程中采用什么方式，营销的目标是不变的，都是为了让消费者知道并熟悉商家的营销内容，同时愿意参与商家的营销活动。

这个时候，内容和渠道就必须要有碎片化的功能，使得消费者在任何渠道都能够获得一部分的重要内容和活动优惠，引起消费者好奇心的同时，也将消费者吸引到营销活动的现场，然后自己亲手将所有的内容碎片都拼凑起来，获得一份完整的营销活动信息和优惠。

如此一来，消费者不仅可以通过渠道碎片化获得内容，也可以通过内容碎片化获得资讯，使得商家与消费者之间的互动以及消费者之间的互动更加没有障碍。

第二个功能：渠道的开放程度必须满足 O2O 互动的要求，同时进一步增强渠道的功能。

对于渠道碎片化来说，有一个非常重要的参考数据，就是渠道的开放程度，有些渠道的开放是有针对性的，而不是全面、无差别的开放。因此在设计 O2O 产品的时候，一定要将所有渠道的开放程度考虑进来，以免在使用渠道的过程中不能及时、准确地传播内容。

渠道碎片化对于商家和消费者是完全不同的两个概念，消费者通过渠道碎片化获得不同的内容，或者获得同一个内容的不同方面，而商家则通过渠道碎片化经营自己的品牌，在每一个不同的渠道碎片中，输入不同的商品内容，既要有针对性也要有普遍性。

由此可见，商家对于可以掌握的渠道一定要善加利用，尤其要将经营和营销通过渠道碎片化推进进程。同时，任何渠道碎片化都不能够无限制，而是必须要在满足 O2O 互动的基础上，过滤并且净化渠道，使得渠道能够发挥完全的功能。

第三个功能：商家可以通过多种内容和渠道获得准确的数据，并且加以分析和运用。

在 O2O 产品的设计中，一定要有商家线下分析数据的功能。在大数据时代里，如果商家没有办法获得完整的线下数据，那么商家就根本无法掌握线上的经营和交易，如此商家就成了市场中的“聋子”和“盲人”。

在 O2O 模式中，商家要想获得更多的优势渠道，就必须要获得相关数据，以及对数据进行分析、运用。大部分的商家都是通过数据分析，而进行品牌经营和市场营销的。因此如果商家失去了数据的支持，那么所有的

O2O 产品设计就已经失去了原本的效应。

商家通过内容和渠道碎片化，不仅可以获得大量的相关数据，而且也可以通过对数据进行分析而建立起线上线下的数据闭环。对于 O2O 的商家而言，数据闭环就是商家不可或缺的数据链，同时也能够使得商家在线上和线下都能够获得充足的发展和互动的空间。

当内容和渠道碎片化的 O2O 互动模式建立起来之后，对于商家来说，就能够在渠道碎片化中传播更加丰富的内容，并且可以将同一个内容用不同的方式传播给不同的消费者，如此有针对性的内容才能够更好地吸引消费者，同时让目标客户进一步认同商家。

而对于消费者来说，内容和渠道的碎片化，不仅能够节省时间和精力，而且也可以在第一时间获得自己想要的商品和商家资讯，同时也可以随时阅读随时参与。在内容和渠道碎片化的 O2O 互动中，消费者与商家之间没有任何沟通障碍，彼此可以及时地传播内容及纠正错误，如此一来，消费者才能够顺利地接受商家，而商家也会获得越来越多的客户。

总而言之，碎片化是 O2O 产品设计中不可或缺的重要环节，也是 O2O 互动模式中起到主导作用的关键设计。

基于 CRM 消费行为的 O2O 互动

所谓的 CRM，就是英文 Customer Relationship Management 的首个字母的缩写，字面上的意思就是“客户关系管理”。对于客户关系管理的概念，现代企业和商家应该都不感到陌生，针对 O2O 模式中的商家，客户关系管理应该是重中之重。

那么在 O2O 的产品设计中，基于 CRM 的消费行为分析对于商家不仅是经营和营销的必要，而且也是掌握消费者行为和购物心理的重要参数。在 CRM 消费行为的 O2O 互动中，商家需要对消费者的碎片行为加以分析并利用，而消费者则需要愿意为商家进行各种分享行为。因此，基于 CRM 消费行为的 O2O 互动，促进了“点对点”营销和分享模式形成。

在 O2O 营销模式中，CRM 消费行为实际上就是消费者的碎片化行为，从消费者的碎片化活动分享开始，到消费者的碎片化参与活动，再到消费者的碎片化体验分享，始终都处于 O2O 的互动当中，同时形成了碎片化分享线上线下的闭环状态。

存在于消费者消费行为碎片化线上线下的闭环状态中的每一个环节，都是 O2O 产品在设计的过程中必须要完善的流程和节点。如果在消费者消费行为碎片化的闭环中，缺少了任何一个环节，都会打破闭环状态，使得整体流程无法正常运营。那么在 O2O 产品设计中，要如何设计消费行为的闭环呢？

首先，根据消费者行为碎片化建立数据模型，针对每一个消费个体进行点对点营销。

CRM 具有强大的分析系统，因此需要将消费者行为碎片化都建立在数据模型中，针对数据模型中的每一个消费者个体，商家要进行精准的点对点营销。简单地说，在最初与消费者进行互动的时候，商家就必须要马上抓住消费者的消费心理，同时立刻开始进行点对点营销活动。

基于 CRM 消费行为的 O2O 互动，就是要在充分分析用户类型、心理、习惯、动向等的综合数据的基础上，对消费者进行分类型、分区域管理，进而快速地与消费者进行互动，深入了解消费者的心理和习惯，划分出目标客户群与非目标客户群之后，再进行点对点的营销。

在实际操作中，对于消费行为的数据分析，必须建立在 CRM 系统的基础上，才能够在获得准确数据的同时，对每一个消费个体有更加深入和细化的了解，如此一来有的放矢地进行 O2O 互动，才能够使得互动进行得有条不紊，而且更加有利于商户的营销。

其次，对消费行为进行及时分析，形成实时反馈，预测和影响消费者的消费行为。

在CRM的分析模式中，用户近期的购买行为、购买物品、购买花费都是非常重要的数据，同时也是衡量用户价值和消费能力的重要参数。因此对用户的消费行为作出实时反馈，不仅有利于商家对用户消费行为进行预测，而且也有利于商家及时关注目标客户群的最新动向。

在O2O的互动中，最能够吸引用户的，就是商家对于用户的个性化沟通和服务，让用户感觉自己是独一无二的，对于商家来说“我很重要”。要想准确地向用户传递“我很重要”的信息，商家就必须知道对于用户来说，什么才是最重要的。

有些用户在乎品牌等级，有些用户在乎商家信誉，有些用户在乎独树一帜，而CRM分析模式就是要针对用户的“在乎”，而制定点对点、一对一的营销策略，并且将用户的反馈形成数据，使得商家在掌握第一手资料的同时也能够准确地影响消费者的消费行为。

再次，商家用品牌与用户建立连接，同时在用户购物过程中起到引导消费的作用。

在O2O营销模式中，用户与商家之间的直接联系就是品牌，那么商家必须对用户的每一次购买都了如指掌，并且分析到位。如此一来，在与用户进行互动的时候，商家才能够针对用户进行有效营销，直接击中用户的消费热点。

由于用户的消费行为一直在变动，因此商家需要拟定一个时间段，在这个时间段当中，用户在商家主要购买了哪些品牌商品，以此为主要依据制订出来的营销计划才能够引起用户的兴趣，同时也能够起到引导用户消费的目的。

因此，商家必须要紧密关注用户的消费动向，以及消费频率和金额的变化，才能够在 CRM 分析模式的基础上，对用户的消费行为有进一步的了解。同时在 O2O 互动中，切中用户的消费要害，使得用户获得前所未有的购物体验，进而成为商家的忠诚用户。

最后，激发用户的行动力，让用户自觉自愿地分享体验，并且关注消费者的响应。

基于 CRM 消费行为的 O2O 互动，最关键的目的就是让用户主动地分享体验，并且获得更广泛消费者的积极响应。消费者碎片化的主要三个内容就是：活动分享，参与活动，体验分享。只有商家能够在互动中给予消费者充分的内容和渠道的碎片化，消费者才能够顺利地完成消费者碎片化的过程。

简单地说，随着内容和渠道碎片化的深入，消费者碎片化也随之加深，因此消费者碎片化的程度与效果，完全取决于内容和渠道碎片化的经营和营销。首先要让用户愿意把自己的活动体验分享给朋友、家人、同事，随后收到活动分享的用户愿意参与商家的活动，在参与活动之后，这一批用户也愿意分享自己的活动体验给朋友、家人、同事，这才是最完美的基于 CRM 消费行为的 O2O 互动闭环流程。

由此可见，在 O2O 的产品设计中，每一个 O2O 互动闭环中的环节都需要设计到位，同时要想设计到位，数据分析就必须到位，才能够使得这个互动闭环可以顺畅地循环运行。

综上所述，用户之所以愿意在消费行为碎片化中分享自己的体验，正是因为商家起到了非常良好的消费引导和影响作用。针对每一个消费个体的不同特质，商家在 O2O 互动中用不同的营销方式影响消费者的购买意向，如此一来，无论是商家还是消费者，都能够获得自身所追求的目标。

因此，基于 CRM 消费行为的 O2O 互动，不仅要从用户的消费行为入手，而且也要在 O2O 互动中做足文章，使得更多的消费者接收到对于商家有利的消费指南。实际上，真实的消费体验分享，才是O2O互动最重要的环节。

4 触点策略：规划用户的触点行为

所谓“触点”，就是用户与商家之间形成信息流，或者达成购买交易的时候，所触发的咨询和购买行为。商家之所以要规划用户的触点行为，正是因为用户与商家之间存在着一些理念上的差异。在O2O营销模式中，如果商家不能够让用户认同自身的经营理念和行为，那么用户永远都不会成为商家的忠诚用户。

首先，商家要通过各种不同的渠道给予用户触点，使得用户有可选择触点。

规划用户的触点行为，并不等于限制用户的触点行为，商家需要运用不同的渠道，让用户有可选择的触点，同时也能够让用户随时都能够与商家进行触点接触。

随着中国O2O时代的进一步深化，用户与商家之间的触点接触变得越来越随意、随时，似乎只要商家和用户愿意，在互联网上就可以没有任何障碍地互动。但是在这种触点接触的时候，商家和用户的行为都变得不受控制，有些商家甚至为了赚取更多的利益而用虚假的信息蒙骗用户，而有些用户则会在互动的时候说一些不文明的语言。

如果要改善用户的触点行为，那么商家首先就要规范自身的触点行为，如此一来，才能够让用户在触点的时候，不仅可以与商家进行良好的触点互动，而且也可以保持文明而愉快的购物心情。

商家要想规划用户的触点行为，就必须要在渠道碎片化的时候，给予用户充分的触点自由，使得用户可以在需要的时候与商家发生触点行为。

其次，商家在规划用户触点行为的时候，需要运用准确的数据分析，同时要进行动态分析。

如今已经进入大数据时代，商家要想规划用户的触点行为不仅需要准确的数据作为依据，而且更加需要动态的数据对触点进行动态分析。

如此一来，商家才能够有的放矢地规划用户的触点行为，也才能够使得用户与商家之间的触点越来越能够打动用户的心，使得用户愿意获取商家的咨讯，同时也愿意体验商家的品牌商品。与此同时，用户在线上也能够得到需要的商品和服务。

大麦网是基于 O2O 模式的票务网站，主要经营各种演出票据，同时大麦网几乎销售全国各地的演出票据，可以说只要是你想看的演出，无论你身处哪一个城市，大麦网都会满足你的要求。

同时大麦网最大的特点就是你可以看到动态的演出情况，任何演出你都可以在第一时间内掌握第一手的咨讯，同时大麦网还可以让用户找到与自己志同道合的人，大家一起看感兴趣的演出。用户可以通过登录 PC 和 APP，动态查询大麦网信息，以及自己的动态演出信息，大麦网时时为用户更新。

因此如果你在大麦网上订购演出票，不仅不受到地域的限制，而且大麦网还可以为你提供动态的信息和多种支付方式。

从大麦网规划用户触点行为的经验来看，为用户提供动态的触点情况是非常重要的，用户可以根据动态触点情况而选择适合自己的时间、场次、座位等，同时动态触点还可以让用户更加信任商家，感觉到商家的诚意和负责任的经营态度。

再次，商家要利用平台优势，为用户构建有效的触点与建立分享。

每一个平台都有各自不同的优势，而商家就是要利用所在平台的优势，为商家和用户之间构建更加有效的触点，比如：商家可以将信息和资讯放在统一的网络社区里，使得用户可以随时更新，随时查看。

同时在网络社区中，用户之间还可以进行体验分享，比如：分享从网站购买的某一件商品的使用情况，或者分享某一场电影是否好看，等等。

在平台的优势下构建有效触点，才能够给予用户充分的空间，使得用户能够在触点上与商家互动，并且愿意接受商家的触点规划。简单地说，只有用户能够信任并且愿意使用触点，商家规划触点的行为才能够达到真实的效果和目的。

由此可见，商家在规划用户触点行为的同时，也是在规划商家的O2O发展之路，只有商家的信息和品牌商品都能够满足用户的需求，那么用户才会选择商家的触点。

最后，在支付触点上，商家应该充分考虑用户的心理和意愿，抓住机会促使第二次消费。

在O2O营销模式中，很多线上的商家不能够理智地对待支付触点，只一味地强调用户必须要在线上支付全额，但是商家忽视了用户的心理和习惯。

商家应该理解用户对于线上支付安全性的担心，同时为不愿意线上交易的用户开辟多种支付的渠道，并且鼓励用户用线上的优惠去体验线下的实体商品、服务。商家必须清楚，用户在线下进行实体体验的时候，就是商家第二次销售的机会。

因此商家在规划支付触点的时候，必须要考虑到用户的多种支付要求，不能够让用户在支付触点上“打退堂鼓”。实际上，很多商家都是吃了支付触点不充足的亏，从而损失了大量的用户。

对于支付触点，商家在开放支付方式的同时，也要有进一步完善线上支付的能力和实力。当商家的各种支付触点都相对安全和完善的时候，用户对于各种支付触点自然就多一份信任，那么在支付触点上，商家规划的用户触点行为才能够真正地实施。

在实际操作中，商家的触点策略就是要将用户的触点行为规划完善，与此同时，商家在触点上也要保持与用户的良好互动关系，不能够限制用户的触点行为，只能够引导用户的触点行为。简单地说，商家不是在规划用户，而是在规划商家自身，因为只有商家能够强大、完善自身，那么触点策略才能够真正地得以实现。

5 定位策略：对不同用户进行差异化对话

O2O 营销模式最大的特点与不同就是点对点、一对一的针对性营销，因此在 O2O 产品中定位策略非常重要。实际上，定位策略要求在与不同用户进行互动的时候，所使用的互动和营销策略不能完全一样。

首先，商家要对用户进行定位和筛选，以此数据进一步对用户进行区别对话。

商家对用户进行定位，数据是非常重要的，比如：用户的消费习惯、消费金额、职业职务等，都是衡量和筛选用户的参数标准。

在 O2O 营销模式中，对于用户的标准分类是非常重要的，不仅关系到商家所制定的营销策略，而且更加关系到商家的经营决策。准确地说，只有对用户准确定位，才能够决定如何与用户区别对话，进而最终实现商家的定位策略目标。

> 淘宝网是国内O2O平台的领先者，淘宝网对于用户的定位策略就非常准确和有效。对于不同层次和年龄的用户，淘宝网所推荐的商户都会有所不同，同时平台根据用户的消费习惯，不仅将商户分为不同的等级，而且还开辟了淘宝天猫网，让喜欢正品而且有一定经济实力的用户也能够喜欢上淘宝。
>
> 简单地说，无论用户是哪一种类别，淘宝网都能够对用户进行准确的定位和筛选，在区别对话方式的同时，也有不同的营销方式针对不同的用户，使得每一个用户都觉得拥有自己的淘宝网。这就是淘宝网真正的魅力所在。

淘宝网的成绩是有目共睹的，因此对于淘宝网对用户的定位策略，商家也必须要学习其精髓，使得自身也能够拥有一整套完善的定位策略，针对不同的用户进行有差别的互动对话。

其次，定位用户之后，针对不同定位的用户制定不同的营销策略。

实际上，对于用户的定位就是对于营销对象的分类，因此商家需要以用户定位为基准，制定不同的营销策略，为不同的用户提供不同的营销方式和内容。

准确地说，之所以要将用户进行分类，正是因为不同用户的消费习惯和消费关注点是不一样的，如果商家不了解自己的用户，不能够有的放矢地进行营销，那么营销的效果就会非常糟糕，甚至相比传统的营销效果还要糟糕。

在实际的操作中，如果商家对于用户的分类不正确，所制订的营销方案就会缺少针对性，那么商家在与用户的对话中就只能够“找不到北”了。

由此可见，对于用户的定位一定要准确，用户定位是一切营销方案的基础，否则商家的营销方案不仅无法获得预期目标，而且还会起到事倍功半的反效果。

再次，对于不熟悉的新用户，商家要研究其兴趣爱好，进而做好消费引导。

商家在对用户进行定位的过程中，会不断地面对新用户，而对于新用户的不熟悉，则会造成商家定位上的失误，因此商家需要对新用户进行观察和了解，尤其是对于新用户的兴趣爱好、消费习惯和心理的观察和了解，都是定位所需要的重要参考。

在对新用户进行定位的时候，商家非常容易犯一个错误，就是用经验和主观来判断新用户的定位，尤其当一些新用户的兴趣点不是特别明显的时候，有些商家就会失去耐性，随意为新用户进行定位。如此草率的用户定位，怎么能够为营销方案提供可靠的参数呢？因此对于新用户，商家还是需要制定可行性步骤，使得对新用户能够更快、更准确地进行定位。

从商家的利益来说，新用户的定位准确直接关系到一对一营销方案的有效性，因此才需要对新用户进行谨慎的定位。为了保证新用户的定位准确度，商家还是需要进一步完善定位的制度和实施方案，才能够对新用户使用最准确、最完善的营销方案。

最后，定位策略的核心就是区别对待用户，不同的用户不同的策略。

在实际运用中，定位策略的核心价值就是明确 O2O 营销对象，不再使用"点对面"的传统营销方式，而是让"点对点"的 O2O 营销方式主导商家。

经过长期的认真观察，在中国的 O2O 模式中，有很多商家进行着"新瓶装旧酒"的营销策略。准确地说，就是用传统的"点对面"的营销方式，在 O2O 模式中进行经营。这样的情况绝对不是简单而特殊的例子，在中国现在的 O2O 市场中，用现代化的科技做传统"手工业"的商家大有人在。

定位策略就是为了让商家走出"新瓶装旧酒"的模式，让中国的商家用真正O2O的方式来经营自己的O2O品牌，同时也竭力打造O2O的中国本土化。

也许在传统电商看来，不同用户用不同营销策略是一件非常“费力不讨好”的事情，他们坚信，商家只要知道自己的经营方向和理念，对用户就可以使用一样的营销方式。事实证明，这样的想法是非常错误的，也是传统电商必须在O2O模式中改掉的不良经营习惯。

O2O产品设计中定位策略，主要针对的就是用户。用户对于商家的重要性是不容置疑的，而有些商家不仅不了解自己的用户，而且还对用户定位产生“不必要”的想法，认为只要坚持一对一的营销方式，就可以将用户留在商家，并且发展成为商家的忠实用户。

这样的想法过于简单了，商家对于用户的定位，不仅是为了让用户更好地购买商家的商品，而且还是为了让用户和商家都能够有深入了解彼此的机会。用户了解了商家，才会更加信任、喜爱商家，而商家了解了用户，才能够提供更好的商品和服务，因此定位策略是双赢策略，也是商家与用户之间建立良好互动关系的关键基础。

6 品类策略：换个角度切入用户

对于国内的商家来说，也许最为困惑的就是要如何接近用户，以及如何才能够让用户接受商家。直白地说，国内商家站在自己的角度考虑用户已经成为习惯思维，要打破这样的习惯思维，绝不是一朝一夕的事情。因此商家需要制订品类策略，学会用多种维度对用户和O2O进行深度解读。

在实际操作中，品类策略就是要换一个角度切入用户，不仅要商家深入了解自己的用户，而且也要用户通过各种讯息和渠道深入了解商家。

第一个切入维度：用户，商家站在用户的角度上，才能够明白用户真正的需求。

用户的维度是品类策略的基本维度，商家只有把握住用户维度，才能够准确地激发用户的购物欲望，使得用户愿意与商家进行交易，并且有希望成为商家的忠实用户。

准确地说，用户维度不仅可以让商家更加了解用户的消费心理，而且也能够提供给商家关于用户的第一手资料。试想一下，如果商家可以从用户的维度来了解用户，那么关于经营和营销的难题就都可以迎刃而解了。

在O2O模式中，最让商家感到头疼的是无法真正明白用户的需求，因为用户的需求不是一成不变的，而是在不断的变化当中，商家想要时刻准确地把握用户的需求不是一件容易的事情。

但是，当商家能够站在用户的角度上切入用户的需求时，随时掌握用户的需求就变得简单很多。商家必须要清楚，用户维度是品类策略的基本维度，也是对于商家来说最重要的维度，只有切入用户维度，商家才能够进一步触动用户，使得用户愿意并信任商家。

第二个切入维度：价格，线上和线下的价格不等同，必须找到价格平衡点。

用户之所以愿意在O2O购买商品，很重要的一个原因是线上的商品价格要比线下的便宜一些，用户可以花费相对较少的金钱购买到心仪的商品。

但是对于商家而言，线上和线下的商品价格不等同，则是营销中非常重要的触点。如果商家无法找到线上和线下价格的平衡点，那么用户就会对商家的信誉以及商品的质量提出质疑，甚至会直接影响到商家的诚信度。

因此品类策略中的价格维度，也是商家必须切入的重要维度，在价格上给用户一个满意的平衡点，才能够更加突出线上的商品，以及线下的实体体验。

从价格维度上，用户可以看出商家的实力和诚信，同时只要商家线上和线下的价格平衡点是真实可信的，用户都是愿意接受的，毕竟线上和线下还是会有所区别。但是如果商家无法正确切入价格维度，那么用户对于价格的质疑就会成为困扰商家的难题。

第三个切入维度：支付，线上支付与线下支付的开放度，用户需要有效支付。

关于品类策略中的支付维度，商家必须要尽可能多地开放支付方式，使得用户可以进行有效支付，而绝对不是要限制用户的支付方式。

准确地说，商家的支付方式选择性越多，就越能够满足不同用户的支付要求。比如：有些人喜欢用支付宝，有些人喜欢用百度钱包，有些人喜欢用银行终端，有些人喜欢线下支付，等等。对于用户的各种支付要求，商家都必须要尽量满足，否则就会直接影响交易。

在支付维度上，商家要做的事情其实很简单，就是让使用各种支付方式的用户都能够在与商家的交易中顺利地支付成功。

为了能够达到一定程度的支付开放度，商家需要融合多种支付功能，以及加强支付的安全性。同时当用户需要线下支付的时候，商家一方面要保留用户一定的线上优惠，另一方面线上的凭证要更加完善，用户才能够放心地在线下进行支付。

第四个切入维度：利润，商品的价值与商家的利润之间，必须有合理的比例。

任何商家的任何策略都是为了获得合理利润，而品类策略中的利润维度，就是要在商家和用户之间构建一个合理的利润体系，使得商家和用户都能够达到预期目的。

准确地说，商家与用户之间就利润而言没有本质的矛盾，商家总是会认为用户希望商家的利润越少越好，但是实际上，只要商家所获取的利润是合理的，用户则不会对商家进行任何质疑；反之，用户则会质疑商家的信誉，以及商品的质量。

利润维度就是为了让商家和用户都能够看到利润的合理性，同时在商品和价格之间找到合理的比例，从而在商家和用户之间减少有关于利润的矛盾。

商家在切入利润维度的时候，一定要注意合理性和平衡性。在 O2O 模式中，只有合理的价格才具有生存的空间，如果价格过高或者过低，那么用户很自然地就会怀疑商品的质量。由此可见，利润维度的平衡点就是商品和价格之间的合理性。

品类策略对于不同的商家具有不同的意义，对于经营不顺利的商家，品类策略就是救命稻草，不仅能够让商家更加懂得用户的需求，还能把握住用户的需求，进而扭转经营的不利局面。但是对于进展顺利的商家而言，品类策略则是维持发展的稳定剂，不仅可以让商家看清楚市场的变化，而且也能够让商家积蓄下一步发展的动能。

总而言之，品类策略从用户、价格、支付、利润四个不同维度切入，使商家能够更加客观理智地看懂市场与用户，进而纠正不正确的 O2O 产品设计，也能够加强正确的经营和营销策略。在 O2O 的时代中，品类策略不仅有利于解决商家的发展难题，也能够使得用户更加信任商家，可以说品类策略是双赢的基础策略。

第五章　对话用户，内容营销决胜 O2O

当 O2O 的大门打开的时候，国内很多商家都有些不习惯，因为在 O2O 中商家要与用户直接对话，不知所措的商家们根本就不知道应该和用户说些什么，说一些关于品牌的事情，害怕用户觉得太严肃不喜欢听；说一些与品牌无关的事情，商家又觉得白白浪费了资源。究竟要说什么，成为商家决胜 O2O 的最重要因素之一。

1 对用户拒绝“一视同仁”

在 O2O 营销模式中，商家与用户对话的时候，不能够“一视同仁”，而是应该“见什么人，说什么话”。直白地说，商家所说的话，要切实击中用户的消费需求，打动用户的心。

比如：在淘宝网上商家总是喜欢称呼用户为“亲”，对于这个称呼大多数“80 后”、“90 后”的用户都是能够接受的，但是对于“60 后”、“70 后”的用户而言接受起来就有些难度了。因此商家在与用户对话的时候，一定要注意遣词造句，不要让用户觉得与商家对话非常不舒服，同时由于 O2O 对话的特殊性，商家和用户看不见彼此，大部分的对话是通过文字完成的，因此商家必须要注意，不能够使用容易产生歧义的词语。

那么商家在与用户对话的时候，要如何才能够做到针对每一个用户的特点，进行一对一的对话呢？

第一种对话的方式：针对用户的问题，以及所消费的商品进行对话。

如果商家对于用户的需求不是很有把握，那么商家就要针对用户的问题进行对话，或者只介绍用户所消费的商品情况，这样的对话方式优点是不会跑题，不会引起用户的不适感，缺点是过于中规中矩，容易让用户觉得没什么可说的。

商家需要在对话的过程中，迅速地整理出用户的资料和数据，以备与用户对话时使用，同时也能够让用户愿意与商家进行更深层次的对话。

> 微商是新型的O2O商业模式，而微商与用户之间的对话非常经典。微商会借助节假日、用户生日或者用户感兴趣的话题与用户进行对话，气氛不仅保持轻松愉快，而且通过对用户的深入了解，区别对待不同的用户，在对话的过程中，用户就会不知不觉地接收微商给予的商家信息。
>
> 比如：化妆品微商看到用户最近在为脸上的痘痘发愁，那么微商会立刻就此问题主动与用户进行对话，根据用户的习惯和性格，微商可以采取不同的对话方式，然后在对话中，向用户推荐可以解决用户烦恼的化妆品，这个时候，用户对商品的接受度就会大幅度提高。

简单地说，微商之所以能够在O2O市场中站稳脚跟，正是因为微商与用户之间几乎是“零距离”的，微商知道的用户不是昨天不是明天，而就是今天的此时此刻，因此微商向用户推荐的商品可以说是“百发百中”。

第二种对话的方式：对老用户进行情感聊天，将商家讯息融入聊天中。

商家对于老用户的态度必须有所不同，尤其对于VIP用户的态度和做法就更要有所不同了。简单地说，商家要与老用户之间建立情感联系，而不是只用商品进行联系。

商家要懂得如何用情感与老用户对话，不能够只说商品信息或者商家活动，而忽视了老用户对于商家的情感需求。在传统电商看来，商家和用户就是简单的交易关系，但是在O2O模式中，商家必须与老用户建立情感联系，否则就会面临失去老用户的危险。

同时商家的一些优惠活动应该对老用户倾斜，让老用户享受到更多更细致的服务和优惠。这样做不仅为了留住老用户，而且也为了让新用户看到商家的诚意。

在 O2O 营销模式中，商家对于老用户以及 VIP 用户必须要更加热情、周到，在对话的过程中，要让老用户感受到商家不一样的态度和待遇，如此一来，老用户在与商家建立情感的同时，就会越来越多地选择商家的商品，并且与商家建立长期的关系。

第三种对话的方式：对新用户采取试探性对话，抓住机会推销商家商品。

新用户对于商家来说有无限的可能性，如果商家无法准确地把握新用户，那么可以在对话中试探新用户的兴趣点，或者根据新用户的实际情况进行问卷调查。

商家可以根据新用户所消费的商品，为新用户推荐同类型的商品，随后商家要观察新用户对于推荐商品的态度，再进行下一步营销方案的制订。总而言之，新用户一定要留住，而针对新用户的营销方案，也需要在对话进行的过程中不断加以修改和完善。

同时，商家在与新用户对话的时候，要注意用词和语气，如果新用户表现出不喜欢哪一种用词，或者对于哪一类的词语非常敏感，那么商家就要尽量避免使用这些词语。

在实际的操作中，商家在与新用户的对话中，尽量要保持中立的态度，尽量解答问题的同时不要显得过于热情，而是要显出十足的“专业范儿”。这一点是要与老用户严格区别开的。因为新用户对于商家的了解有限，如果商家用对待老用户的对话方式对待新用户，那么新用户会认为商家不够专业，同时会对商家的资质提出质疑。

第四种对话的方式：随时保持对话状态，先回答问题再深入对话。

无论对于新用户还是老用户，商家必须随时保持对话状态，尤其是在解答用户问题的时候，一定要及时而准确，才能够获得用户更多的好感和信任。

在与用户对话的时候，商家必须先解答用户的提问，在解答问题之后，如果用户愿意，那么商家可以与用户进行对话，并且在对话的过程中推荐新的商品。准确地说，商家通过对话营销商品就必须要一语中的，直接让用户接受你的推荐，说话的频率不要高，但是说话的内容一定要切中要害。

随着O2O营销模式的日臻完善，商家与用户之间通过对话进行营销也成为寻常事。那么商家在对话的过程中，针对不同的用户，就要有不同的对话方式以及不同的营销方案，俗语说“对症下药，才能够药到病除”。对于营销的对话内容就更是如此，因此，商家与用户的对话，绝对要拒绝“一视同仁”。

2 用LBS引导顾客

LBS（Location Based Service）就是基于位置的服务，通过电信移动运营商的技术和网络进行定位，获取移动用户的位置信息，在O2O模式下，LBS是为用户提供的增值业务。准确地说，LBS包括两层含义：第一层含义是定位服务，即定位终端用户的地理位置，以及根据终端用户的地理位置提供各类服务信息；第二层含义是移动定位服务，为移动用户提供手机所处位置1公里之内的餐饮、娱乐、图书馆、加油站等设施。

由此可见，LBS可以完成固定用户和移动用户的定位，同时为其提供所需的地理服务。

随着 O2O 模式在国内的发展，LBS 也已经从当初的“我在哪里”、“你在哪里”、“找朋友”模式，发展成为现在的信息汇总，以及为移动用户提供实时地理位置与实时服务。比如：移动用户在不熟悉的地方需要请朋友吃饭，那么 LBS 就可以根据对移动用户的定位，提供附近 1 公里之内的餐饮场所；或者移动用户不熟悉现在的道路情况，那么 LBS 就可以发送适时道路情况，以及加油站、休息站等信息给移动用户。

总而言之，对于今天的移动用户来说，LBS 不再只是一个系统软件，而是生活中必不可少的生活指南。

在 O2O 市场中，商家必须要看懂 LBS 的价值，利用 LBS 的优势引导顾客，一方面使得顾客能够在 LBS 中看到商家的信息，同时触动商家在 LBS 中的触点，产生与商家进行交易的意愿；另一方面商家需要立足于 LBS 系统，引导顾客在线上熟悉和了解商家，在线下进行实时的实体体验。

商家需要与 LBS 系统进行无缝对接，顾客才能够从移动手机里看到商家的信息。

商家要想用 LBS 引导顾客，那么首先就要让顾客在 LBS 中看到商家，同时商家必须与 LBS 进行无缝对接，让顾客在第一时间里看到商家的信息。

准确地说，商家在 LBS 中的出现绝对不能是偶然的，而是商家要与 LBS 系统同步，不仅要利用 LBS 系统作为商家的巨大发展平台，而且也要将 LBS 系统的优势变成商家自己的优势，比如 LBS 的覆盖面很广，拥有非常巨大的客户群，这些都是商家所需要的发展条件。

商家借助平台中的 LBS 系统，不仅要将大量的商家信息传播出去，而且也要用一些手段来吸引顾客，比如限时五折优惠，或者暑期（寒假）优惠券等。

简单地说，如果商家在LBS中的信息不足够吸引顾客的目光，那么无论LBS系统多么强大，商家都无法获得LBS的优势和帮助。因此，商家先要从自身着手，将商家的商品、服务都发展到位。

商家在LBS中留给顾客的触点要清楚、易用，不需要过多的解释和说明。

商家在LBS系统中给顾客留出的触点，不仅能够第一时间吸引顾客，而且也不能过于复杂，最好能够直接链接到商家，而不需要额外下载APP。

从顾客的角度考虑，如果没有直接的链接，而是需要顾客下载APP之后才能够正常使用，那么顾客一方面会嫌商家麻烦，另一方面也会对商家APP的安全性能有所质疑。因此，商家在LBS中留给顾客的触点，越简单易学越能够让顾客愿意点击。

同时，商家必须清楚，顾客在LBS上读取信息的时间非常短，因此商家的触点必须醒目，而且要让顾客一目了然。如此一来，顾客才会迅速地看懂商家的触点，并且决定是否点击商家的链接。

简单地说，商家的触点要能够在第一时间里打动顾客的心，使得顾客产生“进去看一看”的心态，那么商家才会有与顾客进行交易的可能性。

商家在LBS系统中要树立完整的形象，使得顾客在不熟悉商家的情况下，也愿意信任商家。

商家要让顾客在LBS系统中看到商家，以及其他顾客对于商家的好评，如此一来，顾客才可能在不熟悉商家的情况下，愿意信任商家，并且完成与商家的交易。

滴滴打车是一款基于LBS基础上的打车软件。虽然现在对于滴滴打车的争论很多，但是滴滴打车的确已经成为都市白领们出门打车的首选软件。

从开始使用滴滴打车的时候，顾客就能够感受到商家的诚意。首先，滴滴打车在网络支付之后，每一次都有滴滴红包分派，虽然钱不是很多，但是很多顾客都非常愿意接受这种优惠的方式。其次，滴滴打车用的都是正规出租汽车公司的出租车，在行业内的口碑非常好。那么一款既便宜又有信誉度的打车软件，顾客有什么理由拒绝呢？

无论从商家的角度还是从顾客的角度来看，滴滴打车都是一款非常不错的打车软件，尤其对于晚归的独身女性，滴滴打车成为唯一可以信任的打车软件。由滴滴打车的成功，我们看到商家在 LBS 系统中的声誉就是商家成功的重要因素之一。

商家在 LBS 中要实行会员制度，以此来保证顾客的利益和资金安全。

商家如果在 LBS 中实行会员制，首先必须有严格周密的会员制度，保证会员能够得到不一样的优惠和服务；其次也要保证会员的利益和资金安全。

同时，商家应该对 LBS 的服务实行实时监控，让顾客觉得在交易的过程中，商家始终跟随着顾客的脚步，而不要让顾客感觉商家总是在缺席，比如顾客的问题不能得到实时解决，顾客与商家的对话也被无限期拖延，等等。

商家缺席 LBS 系统的交易活动，只能让顾客放弃与商家的对话，进而选择与其他商家进行交易，因此商家一定要对顾客进行实时跟踪、对话。

基于定位的服务系统就是 LBS 系统，虽然已经有了非常长足的进步，但是还有一些问题需要解决，随着 LBS 系统的日臻完善，商家一定会带给顾客更好的、更精致的产品和服务。

3 字字珠玑，图文结合更易打动人心

在快节奏的生活中，很多人都会有读图的习惯，如果一篇文章或者一条新闻当中没有图片，那么很多习惯读图的人，则不会阅读文字，而是会匆忙地将文章或者新闻翻过去。在O2O营销模式中，商家一定要注意用户的读图习惯，任何信息和资讯都需要图文并茂。

商家如果想在最短的时间里吸引用户的注意力，那么就要配上精彩的图片。因为从阅读习惯来看，大多数人都是先看到图，而后看到文字，而如果用户对图片感兴趣，那么用户就一定会认真地阅读文字；相反，如果用户觉得图片不能够打动他，那么对文字的兴趣也会减少很多。因此商家在传递信息和资讯给用户的时候，一定要做到图文结合。

O2O的时代就是一个“有图有真相”的时代，在图文结合的时候，商家需要注意图片和文字之间的互动关系，图片不能够太抢眼，而文字也不能够文不对题。

有些商家为了宣传效果，或者为了吸引消费者的眼球，故意将图片做得很夸张，甚至有些违背惯常的图片标准，不是很刺激就是很艳丽，让消费者不知道图片究竟表述了什么，当有好奇心的消费者点开看图的时候，才发现图片只是摆设而已，与商家要宣传的事情根本没有关系，同时所配的文字也与图片没有任何关系。

这样的图文只能够让消费者觉得很低俗，同时也会有上当受骗的感觉，因此对于商家的印象会在瞬间降至最低点。

也有些商家虽然图片配得很好，不仅与所宣传的事情吻合，而且也能

够突出商家的品位和气质，但是为图片配置的文字却非常糟糕，有些文字不顺畅，不知所云，有些文字艰涩难懂，有些文字的措辞水平非常低。这样的文字不仅无法与图片配合起来，而且还会直接降低图片的影响力，使得消费者对商家的资质提出质疑。试想一下，如果你是消费者，你会不会信任一家连图片都无法表述清楚的商家呢？

在天猫商城中，关于图文的结合有非常经典的案例。商家如果对于商品的描述细致到位，同时所配置的图片也与文字相得益彰，那么商家的销售量和好评度都会非常高，因为用户会认为商家在说实话，没有用图片或者文字欺骗用户。

而且在天猫商城中，图片和文字的描述是否与实际商品相吻合，也是衡量商家、商品优劣的重要参数之一，经常会有买家在卖家下面评论“东东与图片一样，描述也非常一致，好评”，或者“实体商品与图片和描述都一致，好评”，等等。

由此可见，图文之间的合理配置不仅能够让商家正确地传递信息和资讯，而且也能够让用户接收最正面的商品信息，最大限度地减少了对商品的质疑和误读。

要想将图和文能够合理、准确地配置到位，那么商家首先要确定所传递的信息，以及营销的内容和目的。如果商家没有非常明确的营销目的，那么任何与用户的对话都是空谈，而且是在浪费彼此的人力、物力、时间。因此商家在发布图文的时候，必须要有比较完善的营销方案作为图文的基础。

接下来，商家要考虑的就是先选择图片，还是先选择文字。在实际的操作中，两者都是可以的，主要依据就是商家本次营销的目标客户，以及要达到的预期目标。

如果先选择图片，那么商家就必须在大量的图片中选择最为合适的。第一，图片的风格应该与商家的风格相一致，不要为了吸引眼球而选择过于夸张或者很诡异的图片；第二，图片最好是商家的原创图片，如果使用网络图片，一定要标明出处和版权；第三，图片之间的色彩要搭配合理，不要过于跳跃，但是也不能够过于呆板。

当图片选择好之后，就可以开始为图片配置文字了。文字的作用不仅仅是说明图片，而是要将图片中的精髓写出来，同时也要表达出商家的理念和想法。第一，文字必须字字珠玑，不能为了凑字数而胡乱写一些不着边际的话，即文字既要表达图片，也要给予图片灵魂；第二，文字必须精准到位，不要过于啰唆，而是要重点突出，情感充沛；第三，文字必须打动人心，不能过于直白，或者过于婉转，在表述图片的同时，也要具备打动人心的力量。

如果先选择文字，那也是前后顺序上不同而已，在实际操作中，每一项对于图片和文字的具体要求都是一致的。因此，无论图片和文字顺序如何排列，具体的要求都必须要一一做到，才有可能做到图文结合的最高境界：字字珠玑，天衣无缝。

在O2O营销模式中，图片和文字之间是相辅相成的关系，两者缺一不可。同时对于用户来说，图片固然非常重要，但是文字也要能够直指人心。简单地说，图文结合得恰到好处，才能够真正打动消费者的心，使得消费者愿意与商家进行对话，并且愿意成为商家的用户。

由此可见，对于图片和文字的功能，商家必须要懂得合理运用。不仅要让消费者因为看到图片而关注商家，而且要让消费者因为看到文字而更加信任商家。同时，商家必须明白一个道理：图片和文字的结合没有孰轻孰重，而是要彼此配合，才能够达到预期的营销目的。

从成功的O2O商家中，我们可以获得很好的图文结合经验。在O2O时代中，消费者真正需要的是精致的图片，以及能够打动人心的文字，而图文相结合则是为了给消费者带来一场视觉和思想的盛宴，使得消费者从商家所获得的不仅仅是商品而已。

4　动态的 O2O 触点才是好触点

商家与消费者的对话和互动都是通过 O2O 触点完成的，对于商家来说，O2O 触点既是与消费者进行沟通的重要工具，也是商家在营销的过程中，能够有效而顺利地传递诚信和诚意的好渠道。简单地说，O2O 触点就是商家和消费者心意相通的触发点。

众所周知，凡是能够处于动态中的事物，才能够具有更强大的竞争力，因此对于 O2O 触点而言，只有动态的 O2O 触点，才能够与消费者保持随时随身的接触。准确地说，动态的 O2O 触点需要商家及时更新数据，使得消费者能够掌握实时的商家动态。

那么什么样子的触点，才属于动态触点呢？首先要具有两个特点：

第一个特点：触点数据实时更新，在消费者面前呈现的永远都是动态的。

虽然商家的经营能力和实力有所区别，但是保持触点的动态化并不困难，只要商家能够实时更新触点的数据，使得消费者看到的商品或者交易信息都是最新的。

比如：消费者在网上订购了衣服，那么商家就必须及时更新商户的消息，什么时候发货，关于发货的全部信息，以及商品的快递到达情况，等等。或者消费者关心商家的更新情况，那么商家就必须将商品的更新情况实时地告诉消费者，什么时候上新，上新的主要商品是什么，等等。

准确地说，动态的O2O触点就是要让消费者感觉到商家与自己是同步的，而不是因为隔着互联网就觉得很遥远、很陌生，甚至感觉不是生活在同一个时空里。

第二个特点：触点要与商家和消费者都联通，消费者所接触的永远都是最新的信息和资讯。

动态O2O触点就是为了让商家与消费者进行当下互动，因为消费者所关注的不是商家的过去，也不是商家的未来，而就是商家的此时此刻。

比如：消费者在商家选购商品，那么商家就必须要保持与消费者的互动对话，同时围绕着消费者此次选购的商品不断地向他推荐同类型或者最新的商品。如此一来，消费者就如同在商场中选购商品，没有任何距离感和时间差，这样的购物触点才是真正的好触点。

那么，商家要如何才能够保证O2O触点的动态化呢？商家需要做好两个工作：

第一个工作：对触点的数据进行实时监控，使得商家能够对触点动态了如指掌。

商家对于消费者的触点行为要清楚并且了解，不仅要对触点数据实时更新，而且也要对消费者的触点行为了如指掌，如此一来，才能够让O2O触点保持动态化。

比如：消费者在商家订购了电影票，那么商家在消费者订购电影票的过程中，就必须实时更新电影的场次、时间、评论等消费者关心的信息，使得消费者能够更加动态地了解信息，决定自己要购买的电影票。

这就是商家保持O2O触点动态化的第一个重要工作，随着消费者购买的脚步，实时更新所提供给消费者的信息，以及虚拟业务。

第二个工作：关注消费者与商家的触点，保证消费者所接触的触点是最新的。

商家要对自己的信息和资讯进行实时更新，保证消费者看到的信息都是最新的。现在的消费者最关心的就是最新的，无论是信息还是商品，只要不是最新的，消费者的兴趣就会很快消失。

比如：消费者在商家购买了商品，在支付的过程中，商家就必须要实时提醒消费者支付的流程，以及现在已经支付到什么程度了，直到最终确认消费者支付完成，以及确认商家已经接受订单，开始准备发货，还有发货之后的一系列更新。

当你在大麦网上订购演出票据之后，大麦网不仅实时通知消费者所定演出票的信息，而且还会在演出的前一天再一次通知消费者演出的信息，以免消费者忘记观看演出。

而如果你在天猫网上订购了商品，那么天猫不仅会在你的客户端实时更新商品情况，而且商家会在发货的时候实时通知消费者商品快递的信息。

以上的 O2O 触点都是动态化的，而以上的两个 O2O 平台都是非常成功的。由此可见，动态的 O2O 触点并不难实现，关键点就在于平台和商家是否能够真正地做到实时、准确、关注。

在实际的操作中，动态的 O2O 触点的优势主要有两个：

第一个优势：保证商家与消费者的同步性，使得商家和消费者能够“零距离”对话和互动。

在传统的电商中，商家与消费者总是无法处于同步状态，使得商家的信息和业务都无法满足消费者的购物需求。而这种情况在 O2O 模式中已经不复存在了，因为动态的 O2O 触点可以保证商家和消费者的同步性，简单地说，商家的信息都是最新的，而消费者所接收的信息和业务也都是最新的。

在 O2O 营销模式中，只有当商家和消费者同步时，才能够进行平等而及时的互动对话，对于消费者而言，实时更新就是商家的信誉和诚信。

第二个优势：商家可以及时调整经营和营销策略，获得消费者满意度的同时，也能够提高自身的竞争实力。

动态的 O2O 触点，对于商家来说就是掌握消费者需求和心态的通道，那么商家就可以在与消费者交易的过程中，随时更新和完善营销策略，那么当消费者满意商家的商品和服务之后，就会与商家进行交易。

如果消费者每一次购物都是满意的，那么就有可能成为商家的忠实用户。如此一来，商家不仅能够扩大自己的用户群，而且还能够增强自身的竞争实力。准确地说，动态的 O2O 触点无论对于商家还是对于消费者，都能够获得预期的效果和目标。

总而言之，O2O 的触点需要保证动态化，才能够完成触点所承载的业务和工作。

5 社交机制在 O2O 触点中应用的布局

在 O2O 触点中进行社交活动，不仅已经成为 O2O 商家必然的营销之路，而且也能够让更多的消费者在社交机制中获得需要的信息，以及分享自身的 O2O 产品体验。

作为商家，必须要懂得利用 O2O 营销模式的优势，将社交机制在 O2O 触点中进行应用的布局。简单地说，社交在 O2O 中所起到的作用是决定性的，因此商家要想赢得发展的空间，就必须通过合理的社交机制与消费者进行真诚的对话和互动。

首先，将 O2O 触点与社交相结合，让每一个触点都具有社交功能。

每一个商家的 O2O 触点都会有所不同，要想将社交机制和 O2O 触点有效地结合在一起，就必须要让每一个触点都具有社交的功能，同时也能够让消费者通过社交了解商家情况。

准确地说，商家与消费者在 O2O 模式中，主要通过社交机制互相对话、了解，才能够产生更多的接触和交易的可能性。因此触点与社交不仅是相辅相成的关系，而且还是缺一不可的两种工具。当消费者和商家进行社交时，就是商家最应该把握的交易机会。

将社交机制与 O2O 触点结合最好的平台就是微信。微信平台不仅可以提供社交功能，而且还能够让消费者和商家之间抹去区别，平等地在微信平台上继续接触和对话。

在微信中的微商，没有谁是固定的商家，谁是固定的消费者，每一个人都可以是商家，也都可以是消费者。因此在彼此的对话和互动中，每一个人都可以传递一些信息。当然了，这些信息有真有假，虽然良莠不齐，但是信息量非常大，有些信息还是非常有价值的。

除了微信之外，还有很多 O2O 平台都具有社交功能，商家必须要利用社交功能为自身的 O2O 触点加强功能，同时也要充分地认识到社交与触点之间的重要关系，要在 O2O 触点中为社交布置好一个平台。

其次，用社交机制完善 O2O 触点功能，使得商家与消费者之间、消费者与消费者之间无障碍对话。

社交机制不仅是要商家与消费者无障碍对话，而且是要为消费者建立一个完整的社交平台，消费者不仅可以与商家对话，而且还可以与其他消费者进行互动沟通。

商家要在O2O触点中为消费者之间的沟通构建社交平台，同时鼓励消费者之间互动、沟通，交流对于商家和商品的心得。在这个社交平台上，商家可以获得的信息量，远远要大于任何一种社交平台所提供的信息量。

与此同时，商家要提供社交平台的利用率，不仅仅只用于互动对话，而且也要用于参与产品设计，或者消费者之间的交友、交流、信息互换等。

当社交平台具有更多功能的时候，商家的O2O触点功能也可以得到相应的完善，那么商家就可以在社交平台上得到需要的信息，以及消费者对于商品的及时反馈。一方面商家可以提高自身的经营实力，另一方面消费者也可以扩大自己的交友面。

再次，运用社交机制保证O2O触点动态化，实时进行全面的信息和服务更新。

只有将社交机制合理布局在O2O触点应用中，才能够保证商家的O2O触点可以及时、准确地更新数据和信息，使得消费者可以享受到更加实时的商品和服务。

在O2O营销模式中，触点的动态化管理不只是商家的事情，而且也是用户的事情。因为商家只有通过用户的反馈才能够获得更多的信息和业务，所以当用户运用社交平台的时候，也就是商家了解并加强自身经营能力的时候。

用O2O的思维考虑问题，社交机制在保证O2O触点应用动态化的同时，也能够为商家带来更多的实时信息，以及用户对于商品和服务的反馈意见。

与此同时，如果商家的社交平台足够好，那么就会有更多的用户参与到社交中，那么O2O触点就会被更多的消费者接触到，接下来商家就会获得更多的客源。从O2O的角度看待问题，线上的及时沟通才会使得线下有更好的体验满足。

最后，社交与触点之间保持相对独立性，才能够更好地应用布局。

消费者都知道，O2O 触点是商家提供给消费者的，带有一定程度的商业色彩，而更多的消费者喜欢不带任何商业色彩的社交，因此社交与触点之间需要保持相对的独立性。

有些商家认为，“我的社交平台本来就是为我服务的，如果不说商品，那么就都是废话”，或者“我的平台我说了算，如果不说与我有关的事情，那么就不要占用我的平台”。

这些想法都是站在商家的角度看问题，完全忽略了消费者的意愿。如果不能够开放社交平台，那么商家就无法获得大量的信息，以及更多的消费者。同时也无法及时更新触点数据，因为商家已经完全屏蔽了消费者的信息。

从 O2O 触点应用出发，社交机制的布局不应该是单一的、平面的，而应该是立体的、开放的，如此社交机制才能够在 O2O 触点应用上发挥有效的功能和促进作用。简单地说，社交与 O2O 触点之间就是互相联通的关系，同时也是互相平衡的关系。

总而言之，在 O2O 触点应用中为社交机制进行布局，一方面有利于商家的发展，以及对自身和用户的进一步了解和进行下一步营销活动的策划；另一方面也有利于消费者近距离地与商家沟通，获得更多有效信息之后，再来决定是否要与商家达成交易。

由此可见，商家需要将社交机制引入每一个 O2O 触点当中，使得消费者在发生触点行为的时候，因为对于商家的充分了解而变得理智而客观。同时，商家也能够通过社交获取最新的 O2O 触点数据，以及提高自身的竞争水平和实力。

6 怎样让消费者乐于移动支付

移动支付对于现在的消费者来说，就像是一块鸡肋，“食之无味，弃之可惜”。一方面移动支付是非常方便的，只要是可以上网的智能手机，就都可以进行移动支付；另一方面移动支付的门槛很低，所以支付很方便。但是对于移动支付安全性的担忧，以及运营商和金融机构之间的问题扯皮，作为普通的支付者，我们还没有做好充分的思想准备。

作为商家，如果想要消费者乐于接受移动支付，那么就必须要充分发挥移动支付的优势，使得消费者能够相信，移动支付的优势比缺点要多，同时也能够改善消费者的O2O生活。

商家必须抓住移动支付的特征和优势，大力增强消费者对于移动支付的信心，以及商家应对移动支付的手段和能力。

移动支付第一个特征：移动性，不仅消除了地域和距离的限制，而且结合了移动通信最先进的技术。

移动支付完全消除了传统支付的一切限制，既没有地域的限制，也消除了距离的限制，使得支付变得可以随时随刻，想要支付就可以支付。

这是因为移动支付结合了移动通信的最先进技术，使得移动支付具有非常强大的功能，不仅改善了普通消费者的O2O生活，而且也将科技和生活紧密地结合在一起，让我们的生活变得更加简单和自由，这就是移动支付最强大的优势，自由而不受到传统的地域和距离限制。

由于现代生活节奏越来越快，而普通消费者每一天要面对各种各样的支付，比如购物要支付、水电煤气电话费要支付、吃饭公交要支付，等等。

在传统支付的时候，每一次支付既要时间又要精力还要金钱，但是移动支付完全打破了这些限制和要求，只要消费者愿意，随时随地都能够完成支付。同时也减少了消费者的时间成本，让消费者能够有更多的时间完成更加重要的事情。

移动支付第二个特征：及时性，不受时间的限制，用户可以随时查询、转账、购物。

对于现代人来说，大多数人都没有随身带很多现金的习惯，一方面是因为现金带在身上不安全，另一方面也是没有必要带很多现金。

> 微信钱包中有一项功能是转账，还有一项功能是AA收款，而当你没有足够现金支付的时候，商家总是会问你“能不能面对面支付”。这些都是微信钱包的支付功能，而且微信钱包的支付功能远远不止于此。
>
> 总之，有了微信钱包之后，无论你需要怎样的支付，或者需要支付何种款项，都可以通过微信钱包及时地进行支付。尤其是面对面的支付，不仅及时，而且还可以保证资金的安全性，并且也不用带很多现金在身上，即省时省力，又能够丝毫不耽误支付的时间。

在手机的移动支付中，像微信钱包这样的功能软件还有很多，比如QQ和支付宝等。这些支付软件不仅确保了移动支付的及时性，而且也能够在一定程度上保障消费者的资金安全。

移动支付第三个特征：定制化，用户可以根据自己的习惯，定制个性化的服务和界面。

随着智能手机的操作越来越简单，而操作界面越来越个性化，移动支付也可以定制个性化的服务，以及对于账户进行科学而独特的管理。

有人说“这是一个私人定制的时代”，那么对于移动支付来说，更是进入到了“私人定制”的时代中。基于更加先进的移动通信技术，以及支付交易的简单化、个性化，越来越多的普通消费者已经拥有了专属于自己的移动支付服务和界面。

与此同时，消费者还可以根据自己的支付习惯和购买习惯，为自己制定一整套的支付和消费管理机制，作为个人理财的一个组成部分。

准确地说，对于移动支付的定制化，还有很多值得改进和商榷的地方，但是定制化带给消费者的满足感，以及更多的简单方便，足够让消费者感受到移动支付的益处。如果商家能够对移动支付的优势善加利用，那么消费者会很快地接受移动支付的。

移动支付第四个特征：集成性，移动支付可以做的事情越来越多，同时也横跨了多个领域。

现在我们手里的手机能够做到的事情越来越多，除了普通电话所具有的功能之外，还可以成为公交卡、银行卡、视频通话器，等等。

这就是移动支付的集成性，以智能手机为载体，集各种功能为一体，使得移动支付可以联通生活和工作的各个支付领域。比如：传统的信用卡还款需要本人亲自到银行办理，但是现在只要通过移动支付就可以进行信用卡还款。

当我们的手机集中多种功能为一体的时候，也正是各种科技和通信改变我们生活和工作的时候。但从移动支付来看，集成化的移动支付不仅方便，而且实用。

在实际操作中，消费者现在越来越接受移动支付的原因，就是简单方便，在支付方面不仅不再为时间、地域、距离所困扰，而且还能够快速地完成支付。而消费者对移动支付最大的担忧就是支付的安全问题，虽然现在运营商和金融机构之间缺乏默契和合作，但移动支付的安全性还是会有所保障的。

简单地说，要想让消费者乐于进行移动支付，那么商家就必须要“避重就轻”，让消费者看到越来越多移动支付的优势和益处，而让消费者忽视移动支付的缺点和瓶颈。与此同时，商家还要举办一些鼓励移动支付的营销活动，比如移动支付可以获得专属的优惠，或者移动支付享受一些高级别的会员待遇等。

总而言之，移动支付虽然有优势、有缺点，但移动支付绝对是大势所趋，因此商家要让更多的用户了解移动支付，并且喜欢移动支付，如此一来，商家才能够获得更多的利润。

第六章　O2O 自品牌，口碑营销是关键

对于 O2O 营销模式来说，自创品牌和口碑营销都是非常重要的因素。为此，O2O 不仅要将客户细化，更好地专注于同一种类型的人，而且要有开创新产品、开发新用户的勇气和责任。这样才能够最终赢得市场认同，并取得 O2O 自品牌的最终胜利。

1 细分客户，聚焦某一类人

随着中国 O2O 营销模式进一步与国际接轨，国内 O2O 自品牌的创立与发展也进入最成熟的阶段，而对于 O2O 自品牌来说，第一重要的因素就是目标客户。

实际上，任何一种商业营销模式，都必须要有针对性，尤其是对于目标客户的确定。那么从 O2O 营销模式的特点来说，自品牌的 O2O 最好能够对某一类人进行观察和聚焦，然后通过与这一类人的深入沟通，再一次将这一类人继续细化分析，如此一来，O2O 自品牌的目标客户就能够被精准地锁定了。

对于目标客户群来说，最忌讳的就是“贪多嚼不烂”，不知道品牌需要对哪一类人下功夫，也不知道品牌应该服务于谁。如果在 O2O 营销模式中，品牌无法对客户进行准确的定位，那么 O2O 自品牌的前途则会非常值得忧虑，因为不仅市场无法接纳没有目标客户的自品牌，而且客户也无法理解 O2O 自品牌的经营核心，以及营销理念究竟是什么。

总而言之，没有目标客户的自品牌，就会变成“四不像”，那么最终的结果就只有一个，品牌将会过早地退出 O2O 的竞争。

国内大部分企业和品牌都习惯于传统的营销模式，即“点对面”的营销模式。当 O2O 的大潮汹涌袭来的时候，传统的营销模式受到了前所未有的冲击，同时国内的企业和品牌也在思考，如何运用O2O营销模式，即“点对点”的营销模式，来盘活企业资金和项目，使得企业顺利地进入O2O市场中，并且赢得生存和发展的权利和空间。

点对点的O2O营销模式中，与传统营销模式最为不同的一点，就是企业、品牌对于目标客户群的态度、服务、分类。

首先，品牌要确定一大类的目标客户群，并且在目标客户群中进行充分的“品牌培养”。

任何品牌都是需要客户支持的，但是客户要支持哪一个品牌却没有任何限制和定论。因此品牌一定要在更加广泛的客户群里，发现属于品牌的那一类人，进行客户定位之后，再向更加具体的目标客户群进行“品牌培养”。

所谓品牌培养，就是用点对点的营销方式，让目标客户群更多地了解品牌，使得目标客户群能够逐步对品牌产生好感、喜爱、忠诚。

在实际操作中，目标客户群也需要进一步的细化，比如：按照三年一个层次来划分年龄；按照职业和职务来划分兴趣点；按照个人习惯和消费习惯来划分营销方式；等等。简单地说，细化目标客户群的优势就在于，将品牌的全部优势都展现在不同的客户面前，击中不同客户的不同“营销点”。

所谓“营销点”，就是由于客户的关注和倾向不一致，因此品牌能够打动客户的优势也不一样，比如：有些客户在意品牌的质量，而有些客户则注意品牌的外观。那么能够让客户关注并且消费品牌的“点”，就是品牌针对这一类客户的“营销点”。

其次，对于范围内的每一个客户进行有针对性的营销，使得“点对面”顺利过渡到“点对点”。

要想改变传统是非常不容易的，虽然有些品牌现在已经建立了自己的网站和APP，但是这些品牌依然在用互联网进行“点对面”的营销，而根本就没有成功地转型为“点对点”。

准确地说，O2O 营销模式之所以可以在如今的大市场中大行其道，正是因为 O2O 营销模式能够让每一个客户都享受到适合自身而又恰如其分的商品和服务，就像是私人定制一样的合身，同时又不用花费与私人定制等同的高昂价格。

而无法对客户进行私人定制的品牌，则会在 O2O 大战中败下阵来，成为 O2O 营销模式的失败者。所以，针对每一个不同的客户，制订切实可行的 O2O 营销方案，才是品牌现在最应该做的事情。

听起来“点对点”的营销模式既麻烦，实施起来也非常的困难，如果品牌有这样的感受，那么只能够说明一点，就是品牌还没有抓住 O2O 营销模式的精髓，而且品牌很可能在用互联网的框架做着传统营销的内核。

最后，将品牌的营销精力都集中在同一类人的身上，有利于品牌获得更多有效信息。

准确地说，客户对于品牌从不熟悉不信任，一直到信任并且忠诚是一段比较漫长的过程，同时品牌也需要在这个过程中，不仅要起到陪伴客户的作用，而且更要让客户感觉是与品牌一起成长的，如此一来，客户对于品牌才会产生真实的感情。

品牌聚焦同一类人的优势就在于，同一类人的身上既有同性也有个性，客户的同性可以让品牌得到相对比较完整的品牌市场反应，以及更多的有效信息；而客户的个性则能够让品牌认识到不足和弱势，使得品牌能够发展得更快更好。

同时，利用品牌已有的市场优势，以及品牌领导人的社会影响力，展开对于目标客户的“点对点”营销模式。从制造网络当红话题到不断地引起客户和舆论的关注，从利用互联网的优势到让更多的客户更加深入地了解品牌，其核心营销只有一个：让每一个客户都能够有喜爱品牌的理由和切入点。

在O2O营销模式中细化客户，并不是让品牌把客户分成多少种类，而是让品牌充分地尊重客户的个体性和个性化，不要再把客户当成一个“面”，只要加强宣传力度以及宣传面积，能扫到多少客户算多少。

在O2O营销模式中，每一个客户都是一个营销的“点”，品牌必须将每一个客户都看成相对独立的个人，在充分尊重客户个性化的基础上，使得客户有参与品牌经营、营销、成长的感受，只有与品牌一起成长起来的客户，才能够产生对于品牌的真正忠诚。

2 雷军式O2O模式

如果你不知道雷军，那么你一定有很久没有上过互联网了。雷军不仅是小米科技的创始人、董事长、首席执行官，而且也是金山软件公司的董事长，以及国内著名的天使投资人。简单地说，雷军的成长过程就是中国互联网的发展过程，而雷军本人和他的O2O模式，已经成为中国O2O营销模式中的经典。

2012年5月18日，这一天小米董事长雷军和360董事长周鸿祎的论战，注定将会成为中国O2O营销模式中的经典之战。这一天小米的青春手机和360推出的华为闪耀系列手机一起上市，而且价格同为1499元，在时间上前后相差不到两个小时。

360董事长周鸿祎首先用8条微博向雷军质疑，提出“小米全是水军炒作，其手机硬件配置还不如360手机”。小米副总裁黎万强立刻在微博上进行回击：“某特供手机双核1G却1499元？小米双核1.5G标准版1999元，双核1.2G青春版1499元，如果小米做1G，那么一定会降价500元，最终的价格是999元。”随后，雷军也用微博加入了此次的论战中。

次日凌晨，腾讯创始人马化腾也加入论战中，马化腾转发了雷军的微博并且评论，明指周鸿祎是演员，在做戏。随后金山网络总裁傅盛也加入论战。

随着论战升级，小米的负面消息也越来越多，而当周鸿祎戏称雷军为“机霸”时，雷军也毫不客气的回击周鸿祎为“网霸”。

在这一场论战中，谁输谁赢已经完全不重要了，重要的是雷军运用这样的论战，进行了一次非常经典的“点对点”营销，其核心就是“参与即营销”。因为在论战的进行中，微博上出现了挺周派和挺雷派，两派之间各自阐述观点和证据，同时又吸引了很多的围观者，从两派以及众多重量级董事长们的论战中，不知道、不熟悉小米的人，也开始关注小米，讨论小米。

雷军在网络上有一个别称，叫作“雷布斯”，从O2O营销模式中来看，这是网民对于雷军学习乔布斯“点对点”营销模式的肯定。而雷军式的O2O营销模式就是吸引更多人群的关注，让每一个网民都以小米为话题，不仅在微博中引发论战，同时其他相关人士开始跟进，而且要将微博“粉丝”迅速分为两个以上的主打阵营，同时在线下促使平面媒体跟进，比如电视媒体访谈，或者开新闻发布会，等等。

中国的网民从一次又一次的论战中知道了雷军，熟悉了小米和金山软件。虽然雷军式O2O营销模式对于品牌来说大有益处，但是互联网对于雷军的做法却有非常多的质疑声。尤其是有业内人士认为，雷军用个人影响力来影响小米发烧友的判断，这是非常不正确的营销手段。

无论你是雷军的支持者，还是反对者，你都必须承认，雷军对于中国O2O营销模式的影响至深。准确地说，虽然雷军的O2O营销模式并不是非常高明，但是雷军O2O模式的核心“参与即营销”，却对于国内众多的O2O创业者产生了不可估量的影响力。

我们都生活在一个自媒体的时代，每一天都会有不同的话题影响我们，从某种意义上来说，不是我们选择话题，而是话题来选择我们。而雷军式的O2O模式，就是让我们在制造的话题中，获取他想要传递的信息，最重要的是将线上、线下的影响力融合在一起，不仅能够让更多的网民关注话题，而且也能够让网民有兴趣进一步了解商品。

同时，与话题相关的所有人都会出现在一次又一次的论战中，使得网民能够与众多大咖们面对面、一对一地谈话、讨论、聊天。这其实就是雷军式O2O模式最关键的一部分，如果没有众多大咖们的支持，那么雷军的话题就不会成为所谓的话题了。

如今，雷军式O2O模式已经初见成效，在2013年8月2日，小米在新一轮的融资中获得了超过100亿美元的融资，成为继阿里巴巴、腾讯、百度之后中国第四大互联网公司。

在线下，2013年12月，雷军注资5000万元，成立“小米支付技术有限公司”，雷军不仅是法人代表，也是公司的董事长。雷军认为，创业就要选择最大的市场，大市场造就大企业，小池子里养不活大鱼，如果方向有所偏差，那么就是在浪费人力、物力、时间和创业资源。

因此雷军式O2O模式的典型成功案例就是小米公司，小米公司不仅首创了用互联网模式开发手机操作系统，同时请科技、网络发烧友参与共同研发、改进产品的模式，而且小米手机大部分都是通过互联网平台销售的，同时只接受网络预订。从线上线下的互动沟通，到邀请所有的发烧友参与产品研发、改进，从线上发售并且收集各方面的意见和建议，到线下的周到服务，小米公司的整个运营和营销模式，处处都有雷军式O2O模式的影响力存在。

但是雷军式O2O模式具有先天不足的弱势，比如：无法及时地给予用户答复，同时小米手机的维修难已经成为众人皆知的事情；同时依靠个人影响力所进行的营销，毕竟效果有限，而且运用互联网营销的时候，也存在着产生负面影响的概率。

当负面影响产生的时候，如果不能够及时消除负面影响，那么品牌所要面对的局面就会变得非常尴尬，同时也会影响品牌在公众心目中的位置。

因此，雷军式O2O模式既有优点也有缺点，关键是要看在运用的时候，品牌采取怎样的态度。对于雷军式O2O模式，你要冷静而客观地对待，才能够充分发挥其优势，而尽量避免其弱势。如此一来，雷军式O2O模式就能够为品牌创造出更大的价值，并为中国O2O市场的发展起到一定程度的推动作用。

3 100%成功的品牌拒绝“同质化”

今天的中国已经完全进入市场经济中，面对众多的品牌产品，我们经常会产生一种错觉：“这个品牌前几天不是叫这个名字的呀”或者“我昨天买的不是这家的产品吗？好像都一样啊”。在同一大类商品中，不同品牌的产品在性能、外观、营销上都雷同，甚至在互相模仿，这就是品牌的“同质化”。

实际上，作为消费者来说，对于品牌的“同质化”是非常深恶痛绝的。同时，作为商家来说，也必须要极力地拒绝品牌“同质化”。

因为对于品牌来说，同质化有非常多的负面影响，甚至会导致品牌失去自己的目标客户和目标市场，尤其在O2O模式中，同质化是非常容易、简单的，但是真正成功的品牌，绝对不会是同质化的品牌，而是具有创新意识和创新精神的品牌。

品牌同质化的负面影响，**首先就是对于消费者的不良影响**。消费者被众多的同质化品牌所包围之后，就会产生很强的抵触情绪，以及对于品牌所代表行业的反感度会越来越高，那么最终的结果就是，消费者不仅拒绝同质化的品牌，同时也会拒绝同类型商品的其他品牌。

其次就是对品牌的不良影响。当一个品牌开始同质化的时候，就是这个品牌开始走向失败的时候。那么为什么还会有这么多品牌愿意同质化呢？原因非常简单，就是利益驱使。有些品牌对自身和对市场、消费者都非常不负责任，只顾着眼前的蝇头小利，而忘记了品牌的未来发展。尤其是在互联网时代，同质化高级品牌是非常容易的事情，而且也能够为企业和个人带来一定程度的经济利益，但是这样的经济利益却是非常短暂的，接下来，品牌将要应对的就是市场和消费者的淘汰和嫌弃。

最后就是对互联网整体环境的影响。试想一下，如果中国的互联网中都是一些同质化的品牌，那么没有创新，没有真正品牌产品的中国互联网还能够走多远呢？答案是不言而喻的。由此可见，同质化对于互联网整体营销环境的影响是非常巨大的，因此作为有责任、有抱负的中国互联网企业，绝对不能够让自己的品牌同质化。

准确地说，对于刚刚建立自己品牌的互联网企业来说，品牌同质化是具有一定程度吸引力的。尤其是同质化著名品牌之后，有助于新品牌开发市场，以及打开自己的销路，获得自己的第一桶金。那么品牌为什么要拒绝同质化呢？原因有以下三个：

第一个拒绝同质化的原因：同质化使得消费者无法辨别品牌，因为消费者只会记住知名品牌，而不会记住无名品牌。

从消费者的消费心理和消费习惯来说，即使品牌与知名品牌进行同质化，那么消费者能够记住的也是知名品牌，而对于无名品牌，消费者也许会购买一次两次，但是绝对不会成为品牌的忠实“粉丝”。

由此可见，品牌同质化只能够是给知名品牌做无偿广告，而对于自身的市场开发和进一步发展是没有任何好处的。尤其是对于品牌的目标客户而言，当目标客户无法辨识品牌的LOGO、产品、营销方式等的时候，那么品牌对于目标客户来说，就等于是完全消亡了。

因此品牌无论在刚进入市场的时候，还是在小有名气之后，都必须要将“同质化”毫不留情地阻挡在品牌之外，否则品牌将会失去辛苦得来的市场和客户。

第二个拒绝同质化的原因：品牌同质化之后，所要面对的就是低价竞争，市场前景非常不乐观。

如果消费者面对的都是一些大同小异，没有任何个性的品牌，那么消费者就不会费力地去选择哪一款，因为消费者会认为，“反正都一样，用谁不是用啊”，“质量都差不多，分不清谁是谁”。这个时候，品牌要想留住消费者，唯一的出路就是降低价格。

而在低价竞争的过程中，普通品牌和知名品牌一样，都是不占据任何优势的，可以说低价竞争就是没有赢家的商战。那么普通品牌与知名品牌相比，输掉的东西就会更多一些，比如刚刚建立的信誉、市场、客户以及形象等。

由此可见，无论是普通品牌还是知名品牌，都必须拒绝同质化，因为同质化会引起低价竞争，而低价竞争则是两败俱伤的商业运营。品牌要想不使自身陷入残酷的价格战中，就必须要创立自身的个性特质，让消费者能够在众多同类产品品牌中将你的品牌一眼就认出来。

第三个拒绝同质化的原因：同质化会像一个包围圈一样，将品牌牢牢包裹住，使得品牌失去活力和前景。

刚开始的时候，同质化也许会为品牌带来一些经济利益，但是当品牌被同质化牢牢包围住之后，品牌就会失去创新的能力和机会，变得“人云亦云”，严重影响品牌的市场拓展和影响力。准确地说，同质化不仅是毁掉了产品，更是毁掉了品牌。

现在的中国O2O已经顺利地进入了品牌时代，没有品牌意识的商家是无法在O2O中站稳脚跟的，同时也不能够让品牌拥有更好的未来。简单地说，在同质化的桎梏下，没有品牌可以轻易打破桎梏而脱颖而出，因此品牌必须从刚开始就坚决拒绝同质化。

在O2O时代，不断会有成为互联网传奇的企业和品牌，而一个真正成功的品牌，绝对不会是一个同质化的品牌。实际上，在O2O营销模式中，品牌同质化不仅不会受到欢迎，反而会让企业在O2O模式中遇到诸多困难。因此，要想在O2O营销模式中成就自己的品牌，那么就必须要有创新精神和意识，同时也要有成就品牌的能力、实力、耐心，千万不可以让品牌同质化。

4 LOGO是什么玩意?

LOGO是logotype的缩写，最开始的时候是早期的计算机编程语言，在互联网中LOGO是商标和徽标的缩写。对于消费者来说，LOGO就是品牌文化；而对于品牌来说，LOGO就是品牌的形象，以及品牌的个性。

在 O2O 时代，一个 LOGO 就是一个品牌，更是品牌具有鲜明个性的象征。这就是品牌一定要有 LOGO 的原因，也是 LOGO 对于品牌和消费者的真正意义。

准确地说，当消费者看见品牌 LOGO 的时候，就会从 LOGO 的样式、颜色、设计上，看懂品牌的产品、个性、特色等。因此，消费者几乎是从 LOGO 上来认识品牌、熟悉品牌的。那么品牌的 LOGO 要如何才能够展现品牌风采，同时吸引更多消费者的目光呢？

首先，LOGO 需要个性化的设计，以及能够脱颖而出的色彩搭配和内涵。

O2O 时代，品牌真正需要的就是个性化的 LOGO 设计，不仅要吸引消费者，而且也要让消费者从众多的雷同 LOGO 中跳出来，简单容易地辨认出属于自己的品牌 LOGO。

在 O2O 营销模式中，“点对点”才是营销的核心，而品牌的“点对点”营销，则是从 LOGO 开始的。如果品牌的 LOGO 没有任何人性化的设计，那么消费者很有可能会彻底忽视品牌的存在。尤其是在 O2O 时代中，消费者读图的平均速度还不到半秒钟，因此要想让消费者记住品牌 LOGO，就必须要有非常鲜明的个性。

许多品牌 LOGO 的个性化非常肤浅，不仅没有内涵，而且在设计上也处于模仿阶段。要想让品牌 LOGO 在 O2O 营销中起到吸引消费者的作用，品牌 LOGO 的色彩搭配要合理而大胆，同时也要展现出品牌的与众不同之处。

简单地说，要想让自己品牌 LOGO 不被淹没在众多的品牌 LOGO 中，就必须要做到容易辨认、方便记忆，并且要具有非常鲜明的品牌特色，让消费者一看到 LOGO 就能够想到品牌，或者认识品牌。

其次，LOGO 需要人性化的设计，让消费者感到十足的亲和力才有利于品牌推广。

品牌的LOGO不能让消费者感到冷冰冰的，没有人情味。试想一下，如果你是消费者，当你面对一个没有人情味的品牌LOGO时，你还会使用或者喜爱这个品牌吗?

答案一定是否定的，因为LOGO的人情味就是品牌的人性化，所以没有人性化的设计，品牌LOGO很难得到消费者的喜爱，一旦消费者失去了对于品牌的兴趣和关注，那么品牌的所有营销手段就会失去应该有的作用。

对于品牌来说，O2O营销模式是非常具有吸引力和推动力的，因此要将品牌LOGO和O2O营销方式结合在一起，就必须要让品牌LOGO完全融入O2O中，建立属于品牌自身的亲和力，使得消费者愿意与品牌交流互动，并且愿意与品牌保持良好的参与关系。

再次，LOGO需要展示大量的信息，让消费者从LOGO中读到品牌的良苦用心。

O2O模式本身就能够传递出大量的信息，那么在O2O营销模式中的品牌LOGO，也必须要能够传递出关于品牌的大量信息。比如：品牌LOGO要能够体现品牌文化和品牌精神，使得消费者从视觉和心理上都能够读懂品牌LOGO所传递的信息。

中国已经进入大数据时代，消费者已经习惯从读图的过程中获得有效信息，这对于品牌来说是非常有利的条件。品牌LOGO需要从视觉效果、造型效果、形象和色彩上都能够准确地表达给消费者正确的品牌信息，如此一来，消费者才能够从接受LOGO，到全面接受品牌。

最后，LOGO需要多元化的设计，要让消费者牢牢地记住品牌LOGO。

品牌的LOGO必须要与时俱进，尤其是在O2O营销模式中运用的品牌LOGO，更加要具备多元化的设计，同时也要突破二维平面的约束，创新出更多不同的LOGO。

简单地说，品牌LOGO最好能够根据不同情况而有所变化，主要的品牌LOGO可以是一个，但是辅助的品牌LOGO也要有几个，同时品牌

LOGO还要对目标客户群有针对性，无论是写意的LOGO，还是严谨的LOGO，都必须要让消费者能够牢牢记住。

> 最近，网络上出现了一个创意的“吃”字，不仅能够遵循“吃”字的原本形态，而且还能够充分地表现出“吃”字的具体含义。
>
> 原本“吃”字的“口”字边，在创意中换成了一个吃饭用的碗，而一撇则换成了一个勺子，勺子下面是一双筷子，筷子下面是一张张开的嘴。整个“吃”字是由“碗、勺子、筷子、嘴”组成，不仅能够充分体现“吃”字的原始意义，而且还能够给人留下非常深刻的印象，甚至可以刺激看见的人的食欲。
>
> 这一个创意的“吃”不仅可以成为食品业、餐饮业的品牌LOGO，而且也可以让消费者看到中国饮食文化的创意和精髓。

在O2O营销模式所运用的品牌LOGO，一定要从设计上注意视觉的平衡感，以及线条的流畅感，因为品牌LOGO首先就需要具有很强的审美感，只有美丽的事物，才能够吸引消费者的注意力，使得消费者能够看到并且认真看懂品牌LOGO。

如果品牌LOGO要想强调某一种含义，那么可以采取反差、对比、边框等形式，对LOGO的主题进行进一步的强调。同时，品牌LOGO必须要注意留白效果，有些优秀的品牌LOGO可以从不同角度解读，而留白也能够成为LOGO表达的一种方式。

而对于品牌LOGO的颜色来说，一定要使用比较稳定的颜色，而LOGO的整体颜色运用一定要重视线条和色块的组合和使用。简单地说，LOGO的颜色不能够过多，或者过于刺激，但是也不能过于平淡无奇，没有任何特点，合理地使用色彩的对比关系，才能够使得品牌LOGO在消费者的眼中多停留一秒钟，而品牌或许就因为这一秒钟而被消费者记住，并且获得消费者的青睐。

5 打到“痛点”，挠到“痒点”

进入O2O时代之后，自营品牌的最大难题就是，如何从传统营销模式顺利地过渡到O2O营销模式。自营品牌要想在O2O中赢得市场和消费者，那么就必须要打到消费者的“痛点”，挠到消费者的“痒点”。

那么何为消费者的“痛点”和“痒点”呢？简单地说，就是消费者真正需要品牌做的事情，以及消费者真正想从品牌里得到的东西，这就是消费者的“痛点”和“痒点”。

具体地说，没有任何消费者会无缘无故地消费，那么为什么消费者要选择你的品牌呢？正是因为你的品牌正好符合了消费者的希望，并且契合了消费者对于品牌的全部要求。同时，国内自营品牌必须要在掌握O2O营销模式精髓的基础上，推进O2O营销模式的本土化，使得中国的消费者能够更加了解O2O，而不是像现在这样糊里糊涂地使用O2O。

自营品牌在运用O2O营销模式的时候，既会对消费者传递大量的信息，也会针对不同的消费者进行一对一的营销。虽然品牌在O2O中传递信息是非常方便快捷的，但是如何让消费者接收的信息变为有效信息，进而在一对一的营销中让这些信息起到应有的作用，就成为自营品牌的一大难题。

要想真正地掌握消费者的消费心理和消费习惯，自营品牌就必须要将自身的优势与 O2O 模式结合在一起，依托着 O2O 营销模式的强大力量，自营品牌才能够准确地打到消费者的“痛点”，挠到消费者的“痒点”。

首先，掌握品牌用户的大量数据，并且针对新老用户指定切实可行的营销方案。

O2O 营销模式的优势就是能够提供给品牌大量的用户数据，使得品牌能够经过准确的数据分析，而对品牌用户产生精准的定位，便于品牌针对不同的客户制订不同的营销方案。从营销的实质来说，对于用户的维护和开发，才是品牌真正需要做的市场。

有些品牌认为，营销模式不用总是变来变去的，只要能够吸引消费者就可以了。这样的想法不能说完全不正确，但是如果品牌营销缺少了对于新老用户的维护，那么品牌营销就只做了一半工作，而全部的营销工作中，还包括对于用户的维护以及验证营销效果。

由此可见，运用 O2O 所提供的用户数据，掌握用户的现有情况，制订有现实操作意义的营销方案，才是品牌需要对用户做的第一件事情，做好这件事情之后，品牌才能够找到用户真正的“痛点”和“痒点”。

其次，通过多种渠道与用户进行及时沟通，同时对于用户的批评和意见必须及时给予反馈。

在 O2O 营销模式中，品牌千万不要只守着品牌提供的沟通平台，等着用户上门来沟通，而是要打通更多的渠道，主动地找到用户进行沟通。有些品牌在与用户进行沟通的时候，只能够听好话，而绝对不能够听不好的话，一旦用户有了意见和批评，品牌立刻就会“翻脸不认人”。

实际上，真正成功的品牌会格外珍惜用户的批评和意见，因为只有说真话的用户，才能够成为品牌最为忠实的用户。所以越是意见多多的用户，品牌就越要重点关注，及时解决问题之后，随时对用户进行回访，主动征求用户的意见和建议。

O2O 营销模式的最大特点和优势，就是能够将品牌与用户之间紧密地联系在一起，同时打破了传统营销模式中品牌与用户只是交易关系的惯例，进而将品牌和用户变成了朋友。因此，品牌必须主动与用户沟通，并且及时改正自身的错误和缺点。

再次，自营品牌必须及时更新产品，绝对不能做“躺在功劳簿上”的蠢事。

国内的某些自营品牌，刚刚在O2O模式中赢得了一些市场和用户，就开始松懈下来，不仅不再积极地与用户进行交流互动，而且停下研发新产品的脚步，使得用户每一次登录网店，看到的永远都是同样款式和品种的产品。

品牌必须要认清楚一个事实，O2O时代中，用户是非常多变的，因为用户的选择非常多。如果品牌想要留住用户，就必须要及时地进行产品更新，否则会轻易被用户所淘汰，同时也会被市场所抛弃。

准确地说，在O2O模式中没有任何“功劳簿”可言，成绩是属于过去的，如果品牌稍有懈怠，那么用户就会毫不留情地选择其他品牌。这并不是说用户很无情，而是充分表明了品牌很无能。

最后，打通线上线下的通道，让用户没有任何不适感和不安全感。

在O2O营销模式中，线上线下的一体化是非常重要的，对于自营品牌来说，线上线下的通道不仅是经济来源，更是品牌生存和发展的命脉。如果品牌连自己的命脉都不知道爱护，那么这个品牌被市场和用户所抛弃就是迟早的事情了。

准确地说，线上线下一体化不仅对于品牌是命脉，对于用户来说也是安全感和舒适感的来源。用户之所以愿意使用品牌产品，正是因为品牌产品可以使用户安心和放心。无论从任何一个角度来说，O2O模式中的品牌，如果不能够保证线上线下的畅通，以及解除用户使用网站或者APP的后顾之忧，那么用户是不会愿意与品牌达成任何交易的。

自营品牌启动O2O营销模式之后，用户的“痛点”和“痒点”就会很自然地暴露出来，那么品牌所需要做的工作，就是要准确打到“痛点”，挠到“痒点”，使得用户对品牌的满意度不断提高，并且通过肯定品牌，成为品牌的忠实用户。

对于自营品牌来说，最愚蠢的做法就是明明看到了用户的“痛点”和“痒点”，却非要视而不见，一定要让用户按照品牌的步伐走，这样做的结果只能是失去市场和用户。

6 从“单品”到“爆款”

在 O2O 营销模式中，任何的自营品牌都是从“单品”开始做起的，但是如果品牌只满足对于“单品”的销售，那么品牌是无法快速成长起来的。只有当品牌从“单品”经营模式发展成为“爆款”经营模式的时候，才是自营品牌开始进入挣钱模式的时候。

在 O2O 模式中，所谓的单品就是商品，任何一种商品都可以被称为单品，单品只是商品的自然属性，非常简单单纯，很像自营品牌在刚开始经营阶段的状态。

而爆款则是指商品销售中，销售量最高，人气度最高，供不应求的商品，爆款不仅具有很强的市场属性，而且也需要更多的经营和营销经验来打造，与成功时候的自营品牌经营状态非常相近。

准确地说，无论是“单品”模式还是“爆款”模式，自营品牌都必须要认真负责地进行经营和营销，但只做到“单品”模式而没有做到“爆款”模式的品牌，在 O2O 中很难找到生存和发展的空间。那么，品牌要如何做才能够从“单品”模式到“爆款”模式呢?

第一步，品牌需要做好“单品”模式的市场，并且及时汇总“单品”模式市场的数据。

有些品牌刚开始就想直接进入“爆款”模式中，这样的想法是不切合实际的。从市场和用户的角度来看，对于自营品牌都需要有了解的过程，而品牌在最初的阶段中，只需要负责任地将“单品”模式经营好。

任何自营品牌都不是市场的“宠儿”，因此在市场中，任何品牌都必须要按部就班地进行经营和营销。实际上，品牌可以从“单品”模式中积累大量的市场经验和用户数据，利于能够更加顺利地进入“爆款”模式中。

准确地说，品牌只有先做好“单品”市场，才能够逐步地积累经验和教训，增加对于市场的认知程度，如此一来，品牌才能够从相对简单的“单品”市场中获得足够的经验值，进一步推动品牌进入“爆款”模式。

第二步，品牌必须从“单品”营销中总结经验，使得品牌的“单品”模式能够成为经典。

品牌经营不能操之过急，不仅要有坚实的市场积累过程，而且也要与用户进行不间断的互动和沟通，品牌做好“单品”模式市场是非常重要的步骤，不仅能够提升品牌在市场和用户中的地位，而且也能够顺利地开启品牌的“爆款”模式。

但是做品牌必须要知道，没有任何事情可以一蹴而就，在做“单品”模式市场的时候，就要踏踏实实地做，而不要做一些超出自身能力范围的经营和营销。如此一来，品牌才能够把“单品”模式的市场做大做好、做坚实。

从单品和爆款上来说，只有作为经典的单品，才具有成为爆款的实力，而对于品牌经营来说更是如此，当品牌能够在“单品”模式中逐步成长，同时具备了各种成为“爆款”模式的条件和基础之后，才能够在O2O模式中继续深入发展。

第三步，品牌需要进一步了解市场和用户，让“单品”模式有成为“爆款”模式的可能性。

实际上，自营品牌从“单品”模式到“爆款”模式的过程中，最大的障碍就是对于市场和用户的掌握程度。只有全方位多角度地掌握了市场和用户，才能够准确地评估市场，也才能够让品牌进入顺利发展的阶段。

在 O2O 营销模式中，任何成功的品牌都具有正确的市场观念，以及核心经营理念，而这一切作为成功的必备因素，绝对不是可以凭空而来的。因此品牌从开始经营起，就必须要找到正确的、符合品牌自身发展的核心经营理念。

当核心经营理念确定下来之后，就能够指挥团队中的所有成员都围绕着统一的核心理念开展工作。如此一来，当品牌在发展过程中遇到问题和困难的时候，才能够使得团队成员在思想统一的基础上，快速地解决问题，摆脱困境，让“单品”变成“爆款”成为最大可能性。

第四步，即使“单品”成为“爆款”，品牌也需要想方设法维持品牌的“爆款”模式。

当自营品牌真的从“单品”经营模式成长为“爆款”经营模式的时候，也不是品牌可以松一口气的时候，而是品牌要真正开始发展之路的时候。因为成为“爆款”的品牌，将拥有更广大的市场以及广泛的用户。俗语说，“能力越大，责任越大”，因此成为“爆款”之后的品牌，对于市场和用户则具有了更多的责任和义务。

有些国内的自营品牌，在成就了自身的“爆款”经营模式之后，全部的精力都投入到挣钱的模式中，丝毫不顾及市场和用户的需求，也听不到用户不满意的声音，认为“我就这样，爱买不买”或者“批评我是你没有眼光，我可是大品牌”。如此想法是非常不可取的，也是非常可笑的。成为大品牌的前提就是用户的喜爱和忠诚，而忽视了用户的感受和意见的品牌，即使暂时得到了市场的认同，也终将会因为用户的嫌弃，进而被市场所淘汰。

由此可见，成就自营品牌从“单品”经营模式，到“爆款”经营模式的最重要因素就是用户，没有用户的品牌不仅无法发展，而且根本就无法生存。所以，自营品牌必须像爱护自己的眼睛一样来爱护在用户当中的口碑，而口碑营销才是从“单品”到“爆款”的最终密码。

O2O 营销模式的时代中，虽然品牌可以依托 O2O 模式的强大力量，但是任何品牌的成功都是来之不易的，因此千万不要做毁掉自己的蠢事，而这样的蠢事就是忽视用户，忽视用户的口碑。

7 激活口碑，引导客户主动传播

在 O2O 营销模式中，聪明的商家从来不主动为自己做宣传，而是会激活客户的口碑，让客户主动地为商家进行传播。准确地说，客户对客户说一句话，要比商家对客户说十句话都管用。这是因为在客户的心中，与商家始终有利益上的不统一，而与其他客户之间则没有任何利益上的矛盾。

那么，商家如何用品牌说话，激活客户的口碑，引导客户成为品牌的义务宣传员呢?

首先，商家要保持与客户之间的良好互动，解决客户提出的全部问题。

商家要善于引导客户，使得客户在信任商家的基础上，认同商家所经营的品牌。如此一来，客户才能够愿意向自己的朋友推荐品牌。同时，商家必须要注意客户提出的问题，以及客户对于商品的不满意之处，商家一定要及时回答客户提出的全部问题，并且及时解决客户在使用过程中遇到的问题。

简单地说，商家对于客户的服务越周到、细致，客户对于品牌的印象才会越好，那么品牌才能够在客户中逐步建立属于自己的口碑。

从商家的角度看待品牌问题，商家自然是从经营好品牌的角度进行营销，但是如果商家不能够解决客户在使用品牌的过程中所遇到的问题，那么客户就会认为商家不仅不重视客户，而且对于品牌的经营也不够尽心尽力。

当客户丧失对于品牌的信心时，就是商家失去客户的时候，由此可见，商家在经营品牌的时候，必须要充分尊重客户的感受和体验。

其次，商家要保持自身的经营理念，懂得恪尽职守，严格自律。

很多商家在经营上了正轨之后，就会产生对于客户和自身品牌的倦怠，不仅不像刚刚创业时那么认真负责任，而且还会逐渐疏于管理和监督，尤其在 O2O 营销模式中，如果商家没有周密、严格的经营制度，那么客户就会一次比一次失望，最终不再与商家进行任何沟通。

由此可见，商家对于品牌的经营以及对待客户的服务、态度，都必须要保证前后一致性，不能让客户感觉商家在购买前和购买后有明显的变化，否则客户很容易对商家的行为产生不良情绪。

随着 O2O 进入中国市场，市场中也出现了一些不规范的操作。对于商家来说，也许这些不规范的操作非常简单，而且还能够见到经济效益，但是如果商家想要在 O2O 中有更好、更大的生存、发展空间，就必须要懂得如何自律，如何规范经营。

O2O 时代中，要想激活客户对于品牌的口碑，就必须要将品牌自身打造成精品，无论从品牌自身的质量，还是从客服服务，每一个方面都要让客户觉得无懈可击，如此品牌才能够得到最广泛、最持久的口碑。

再次，商家要为客户与客户之间的沟通创造便利条件，注意不要干涉客户之间的沟通。

激活口碑之后，商家也不能够袖手旁观，而是要积极地促进客户之间的交流互动，同时商家只需要密切关注客户之间的沟通，在需要的时候进行必要的解释工作，商家切记不要干涉客户之间的沟通内容。

准确地说，品牌的口碑不仅是产品的质量，同时也包括商家对于客户的态度，有些商家对自身监管不力，却对客户监管得非常严格，在客户与客户沟通的过程中，不断给客户设置障碍，要求客户不能够说这个，不能够说那个。

实际上，聪明的商家不会做限制客户交流的蠢事，不仅如此，在客户之间出现矛盾的时候，商家还应该适时地出面进行缓冲和调节。直白地说，在O2O营销模式中，只有真正负责任的商家才能够最终留下来，同时获得客户的义务口碑宣传。

最后，商家对于品牌要倍加爱护，要想让客户传播口碑，品牌需要先建立并经营自身的口碑。

很显然，品牌必须有口碑，客户才能够传播口碑，那么最关键的问题就是品牌要如何获得并且建立属于自身的口碑。其实答案非常简单，只要品牌能够恪守大市场的规律，在保证产品质量的基础上，积极正面地与客户进行沟通，就能够获得一定程度的口碑。

但是在获得口碑之后，品牌要如何经营口碑，各个品牌的经历和经营就完全不同了。在O2O营销模式中，品牌的口碑是品牌最重要的财富，更是品牌营销中最关键的环节。众所周知，口碑是客户口中的品牌，而品牌不仅不能够自己说自己，而且在获得口碑之后，还需要更加努力来保持口碑。

那么经营口碑的过程中，如何才能够让客户主动传播呢？答案依然很简单，品牌必须从客户的角度考虑问题，让客户在使用品牌的时候，哪里出现问题就在哪里及时解决问题，通俗地说，只有客户认为品牌好，才会愿意把品牌推荐给自己的朋友、家人、同事。

归根结底，商家需要在客户的心里输入一条关于品牌的链接，只要客户点击这条链接，就能够激活一部分的口碑，如果每一个客户都点击这条链接，那么品牌的口碑就会越来越壮大。商家输入客户心里的这条链接，就是品牌的全部优势，包括质量、服务、科技更新、产品创新等。

与此同时，商家需要有详细的规划，以此来引导客户传播品牌的口碑。商家在引导客户的过程中，一定要注意两点：第一，不要对客户横加干涉，要充分地尊重客户；第二，不要强迫客户做任何事情，传播口碑必须在客户愿意的基础上。

总而言之，商家必须格外地珍惜对品牌口碑的经营，因为口碑建立起来很难，但是毁掉非常容易。对于愿意传播口碑的客户，商家都需要格外重视。

8 广泛媒介传播

O2O 的时代原本就是传媒时代，因此国内的自营品牌一定要重视媒介传播，同时不要固定传播的媒介，要全方位多角度地接触媒介，使媒介成为自营品牌成长路上的推动力。

现在国内很多 O2O 自营品牌，都抱着互联网无所不能的观念，认为只要在 O2O 平台上占有一席之地，就可以不再接触其他的媒介了。这样的想法是不正确的，因为 O2O 不可能占据所有媒介的优势，而传统媒介对于自营品牌的助力也是不能忽视的。

虽然O2O时代的互联网非常强大，但是传统媒介，比如报纸、杂志、电视节目、广播节目等，自然有属于它们的优势和客户。传统媒介的客户，也许是O2O模式中最需要的，但也是最无力开发的客户。

由此可见，O2O自营品牌需要适度适时地利用传统媒介以及新型媒介的优势，为品牌自身赢得更多的客户群，以及更大的市场发展空间。

首先，利用传统媒介信誉度比较高的优势，为品牌奠定基本基调。

很多人现在依然认为，传统媒介所传播的消息，要比互联网上的消息准确，因此商家需要利用传统媒介比较高的信誉度，为品牌奠定一个好的基础，使得大部分公众产生“这个品牌很靠谱”或者“这个品牌可以试一试”的想法。

实际上，O2O模式中的自营品牌一定要注意，品牌不能只在网络上出售，或者只能通过互联网才能够购买，根据中国现在的市场趋势，品牌一定要有线下销售，否则就会失去很多消费者，因为国内大部分的消费者还是愿意先看到实物，然后再进行交易。

由此可见，品牌在最初的经营阶段，就必须要给消费者留下值得信任的良好印象，而传统媒介则是商家最好的选择。这就是消费者的心理，如果商家没有看得见的产品，或者只依赖互联网进行销售，那么国内的消费者会对品牌产生一定程度的心理障碍。

其次，利用传统媒介中规中矩的优势，扩大品牌的基础客户群。

虽然说现在已经进入了互联网时代，但是也有很多人群不会或者不愿意在互联网上购买商品。而对于O2O自营品牌来说，这一部分人群也是必须要争取到的客户群。传统媒介中规中矩虽然在市场宣传上不占据优势，却有着非常广泛的群众基础，因此自营品牌必须要将传统媒介的客户群发展过来，扩大品牌的基础客户群。

很显然，不是每一个听到或者用过品牌的客户，都能够最终成为品牌的忠实客户。但是如果品牌的基础客户群非常巨大，那么能够产生的忠诚客户也会随之增加。

简单地说，不在互联网上购物的人有很多，但是在日常生活中，要想不接触到传统媒介几乎是不可能的事情，因此传统媒介具有非常强大而坚实的客户群，有一部分客户群则是互联网无法接触到的。

因此，O2O 自营品牌的商家，一定不要忽视中规中矩的传统媒介，因为市场不同所以客户不同，所以自营品牌需要借助更加广泛的媒介传播，才能够在大市场中真正生存和发展下去。

再次，利用新型媒介传播迅速、广泛的优势，为品牌制造更大的声势和话题。

与传统媒介保持良好关系的同时，O2O 自营品牌也必须与新型媒介保持良好的互动。由于 O2O 营销模式是依托于互联网产生并发展壮大的，所以为了品牌能够拥有更加广阔的市场，商家必须要借助新型媒介传播迅速而且覆盖面积广的优势，为品牌造势。

在互联网时代中，如果品牌不能够依托网络为自身造势，那么品牌很自然地就会淡出“80 后”、“90 后”消费群体的视线，同时在网络市场中也无法获得良好的生存、发展机遇。因此，O2O 自营品牌为自身造势，已经成为 O2O 营销中十分常用的手段。

但是，在造势过程中，自营品牌的商家必须要注意两点：第一，造势不能弄虚作假，适度夸大可以，但是欺骗消费者的事情千万不能够做，否则不仅会失去商家的公信度，而且也让品牌在消费者中失去应该有的信誉度；第二，造势要适可而止，品牌造势的目的就是为了吸引消费者的注意力，当目的达到之后，品牌还是需要踏实地做好应该做的工作。简单地说，造势不可太过，过犹不及则会伤害自身的形象和利益。

最后，利用新型媒介的人人参与功能，让品牌成为最大、最热门的话题。

在人人都有发言权的互联网自媒体时代中，让品牌成为最热门的话题，才能够让更多消费者认识品牌、熟悉品牌、了解品牌。如果关于品牌的话题能够在网络热搜榜上占据前三名，那么品牌每一个小时都会被读上万次，这就是互联网时代的营销。

在制造品牌话题的时候，商家需要注意网络对于品牌负面新闻的反应，同时考验商家自身危机公关的能力。因为在品牌话题进行的过程中，不可避免会有反面的声音产生，也会有一些负面新闻，所以商家必须要严格而紧密地关注品牌话题，对于反面声音和负面新闻进行及时的危机公关，使得品牌话题能够始终朝着有利于品牌的方向发展。

与此同时，品牌话题还要言之有物，不能让参与者觉得无趣无聊。商家需要很好地控制住品牌话题的进度和内容，不能让品牌话题脱离原本的轨道，成为一场不知所谓的“口水战”。

总而言之，与媒介的广泛接触，不仅能够运用媒介的优势宣传品牌，而且也能够让媒介起到传播品牌口碑的作用。因此对于商家来说，与各种媒介保持良好的互动关系，正是商家在品牌经营的过程中不可缺少的关系网络。

9 以数据的形式传播口碑

进入O2O时代，人们越来越愿意相信数据，因为数据相对于文字和语言来说，更加确切，更加使人信服。因此商家需要学会用数据的形式传播品牌口碑，这样做的优势就是让看不见的品牌口碑变成能够看得见的、确切的数据。

现在的市场已经进入了大数据时代，而商家所经营的品牌，如果没有任何数据的支持，那么很难得到市场的认同以及消费者的关注。而品牌的数据从何而来？要如何运用呢？

首先，品牌的数据来自市场和消费者，尤其对于目标市场和目标客户群的数据收集，正是商家每一天都必须要完成的工作。同时对于各项数据的分析，更是商家决策、经营、运营，以及品牌定位与市场宣传的主要依据之一。

其次，不同的商家会对数据进行不同的处理，但是以数据传播品牌口碑，已经成为非常有效而且普遍的品牌营销模式。尤其是在O2O营销模式中，数据更容易被消费者理解并接受，而且数据不会产生任何歧义。

最后，在O2O营销模式中，线上线下的数据需要形成闭环状态，这对于数据的收集和准确性都是非常重要的。而数据的准确性在传播口碑的时候，则是第一要务。因为如果商家提供了不准确的数据，那么很容易让消费者认为，商家是在做假，那么消费者对于商家和品牌的认同度和好感会瞬间降为“零”。

那么对于商家来说，在O2O营销模式中运用数据进行口碑的传播，需要运用一些方式才能够将数据与口碑结合在一起，使得消费者从数据中读懂品牌。

第一种方式：数据与目标客户结合，让品牌呈现出不一样的口碑。

商家需要掌握目标客户的所有数据，并且用数据说服其他的客户群。将数据与目标客户结合起来，能够让品牌更加具有说服力，同时也能够让客户增加对于品牌的认同程度。准确地说，目标客户的数据分析和运用，正是商家经营数据口碑的最关键环节。

将现有的数据告知目标客户，不仅能够增加目标客户对于品牌的信心，而且也能够让目标客户更加愿意成为品牌口碑的义务宣传员。任何一个数据都与目标客户相关，因此目标客户就是数据口碑最好的代言人。

第二种方式：数据与服务结合，让新客户看得见服务质量。

让品牌的服务数据化，可以让新客户清楚地看见品牌的服务质量，这样做有助于品牌吸引并留下新客户。简单地说，如果服务质量不用数据衡量，那么新客户很难用一种方式来衡量服务的优劣，但是数据的唯一性和确定性使得服务质量变成看得懂的标准。

准确地说，数据不仅仅是一些陌生的数字而已，数据的收集和分析都是对于商家来说非常重要的事情，尤其是在O2O营销模式中，数据化的服务不仅能够加强品牌关注度，而且也能够让新客户信任品牌的服务水平。

第三种方式：数据与渠道结合，线上线下无障碍传播口碑。

O2O不是简单的线上线下，而是渠道的数据化。对于商家来说，要想更加有效地传播品牌口碑，就必须打通线上线下的多种渠道，使得口碑的传播变得简单、快捷。准确地说，数据与渠道之间的联系非常紧密，而数据化渠道才是O2O商家的运营之道。

众所周知，渠道对于O2O商家来说就是成败的命脉，而数据化渠道之后，商家不仅能够运用现有渠道做更多的经营，而且也能够更好地对品牌进行运营。通俗地说，数据化渠道是品牌的运营优势，而品牌的口碑也会因为数据化渠道而深入大市场中。

第四种方式：数据与体验结合，让客户真正看到品牌的优势。

在客户体验品牌的时候，数据与体验结合在一起，不仅能够使得客户更好地体验品牌，深入了解品牌，而且也能够让品牌通过数据来了解和满足客户的真实需求。

在客户体验的过程中，数据可以让体验变得简单，而且可以保证客户能够体验百分之百的品牌优势。如此一来，客户才能够真正认识品牌的优势，并且通过数据确定品牌优势。获得体验满足的客户，自然就会选择成为品牌的新客户。

第五种方式：数据与价值结合，提升品牌在大市场中的地位。

大市场中的竞争是非常残酷的，一旦品牌出现了任何问题，很容易就会遭到大市场的淘汰。品牌只有证明自身在大市场中的价值，才能够被大市场所接纳，并且有机会获得进一步发展的机遇。

证明品牌价值最直接、最简单的方法就是用数据说话，因为数据最有说服力，也更加具有品牌独特的价值。因此用数据说明价值，品牌才能够提升在大市场中的地位，确立品牌在大市场中的核心位置。

第六种方式：数据与故事结合，让品牌变成家喻户晓的话题。

在 O2O 营销模式中，让品牌成为故事也是非常重要的营销方式，而在品牌的故事中，必须要用数据来说明品牌的成长历程，以及品牌现有的成绩，如此有理有据的品牌，才能够让消费者口口相传，成为互联网中的新话题。

互联网传播口碑的过程中，故事加上数据才是最好的传播方式，同时将故事的生动与数据的谨慎结合在一起，一定会吸引很多消费者的注意力，提高品牌在消费者中的位置，也能够使得更多的消费者在成为品牌客户的同时，成为品牌口碑的义务宣传员。

大数据时代已经到来，因此数据口碑对于品牌来说是非常重要的营销方式之一。用数据形式来传播口碑，在确立品牌良好形象的同时，也能够帮助更多的客户读懂品牌的核心理念。